어렸고 어렸고 어려웠던 저의 나날들에서,
저를 위해 애정으로 '닥(喥)' 해주신
모든 분께 진정으로 감사드립니다.

서울대생의 학습 코칭

초판 1쇄 발행 2023년 8월 20일

지은이 황보 현

기획 · 편집 도은주, 류정화
마케팅 박관홍

펴낸이 윤주용
펴낸곳 초록비책공방

출판등록 2013년 4월 25일 제2013-000130
주소 서울시 마포구 월드컵북로 402 KGIT 센터 921A호
전화 0505-566-5522 팩스 02-6008-1777

메일 greenrainbooks@naver.com
인스타 @greenrainbooks
블로그 http://blog.naver.com/greenrainbooks
페이스북 http://www.facebook.com/greenrainbook

ISBN 979-11-91266-96-2 (43370)

어려운 것은 쉽게 쉬운 것은 깊게 깊은 것은 유쾌하게

초록비책공방은 여러분의 소중한 의견을 기다리고 있습니다.
원고 투고, 오탈자 제보, 제휴 제안은 greenrainbooks@naver.com으로 보내주세요.

내신&수능 성적 손쉽게 올리는 일급 공부 기밀

서울대생의
학습 코칭

황보 현 지음

초록비책공방

'줄탁동시(啐啄同時)'라는 말을 들어본 적 있나요? '줄'은 병아리가 알에서 깨어나기 위해서 알 안에서 부리로 쪼는 소리를 일컫습니다. '탁'은 그 소리를 들은 어미 닭이 알 밖에서 알을 쪼는 소리를 일컫습니다. 알 안의 병아리의 노력인 '줄'과 알 밖의 어미 닭의 노력인 '탁'이 '동시'에 이루어지면 어떻게 될까요? 병아리가 알을 깨고서 성공적으로 부화할 수 있습니다. 내부적 노력과 외부적 도움이 적절히 조화되어야 한계를 깨부수고 성장할 수 있다는 것이죠.

아이들이 공부할 때 한계를 극복하기 위한 이치가 '줄탁동시'에 있다는 걸 아나요? 아이들이 공부를 수행하기 위해 하는 노력인 '줄', 아이들의 공부를 돕는 학습 조언인 '탁'이 '동시'에 이루어질 때 병아리 같은 우리 아이들은 한계를 깨고서 공부에서 급격한 성장을 이룰 수 있습니다. 아이들의 내부적 노력과 외부적 학습 코칭이 조화되어야 하겠지요.

저는 '줄'하는 아이들에게 '탁'하는 실질적 학습 도움을 제공하고 싶었습니다. 학창 시절 혼자서 어렵게 공부를 해오면서 또 학습코치로서 많은 아이들을 가르치면서 어떻게 하면 아이들이 공부를 즐겁게 하고 잘할 수 있는지에 대해 그 이치를 알게 되었습니다. 이 책에는 무릎을 '탁!'칠 만큼 기가 막히는 공부 기밀이 많이 담겨 있습니다. 이 책과의 시의적절한 만남을 계기로 아이들의 공부가 급격히 성장하기를 진심으로 바랍니다.

이 책에는 '행복한 공부를 위한 마음가짐'과 '효율적 공부를 위한 다섯 가지 비결'이 들어있습니다.

'행복한 공부를 위한 마음가짐'에서는 공부할 때 자기 주도성을 회복하기 위한 실질적인 방법을 제시합니다. 이는 아이들의 공부 동기를 강화하는 과정이기도 합니다. 시중에 출간된 공부 방법에 관한 책들은 이 부분을 간과하는 경우가 많습니다. 단순히 실용적인 공부 방법을 열거하는 데 그치는 경우가 많습니다. 그렇게 열거된 공부 방법만으로는 아이들이 실전에서 적용하기 어렵습니다. 이러한 공부 방법을 아이들이 실제로 적용하려면 우선 그들이 주도적인 공부를 할 수 있는 상태가 되어야 합니다. 이러한 주도적인 공부를 할 수 있도록 도와주고자 합니다.

스스로 공부를 즐기면서 하는 아이들에게는 몇 가지 흥미로운 특성이 있습니다. 이러한 특성 중 핵심적인 요인들을 정리해놓았습니다. 만약 저에게 자녀가 생긴다면 영어나 수학을 가르치기 전 행복한 공부를 위한 마음가짐을 가질 수 있도록 가르칠 겁니다. 이것이 영어나 수학 공부보다 훨씬 더 중요하다고 믿기 때문입니다. 자녀 교육이 목표로 해야 하는 중요한 부분 중 일부가 여기에 담겨 있습니다.

'효율적 공부를 위한 다섯 가지 기밀'에서는 어느 수준 이상으로 공부 주도성이 회복된 아이들이 실천할 수 있는 공부 방법을 제시하고 있습니다. 여기에서 소개하고 있는 다섯 가지 방법은 가장 실용적인 공부 방법입니다. 이미 출간된 공부 방법에 관한 서적에는 각기 나름의 공부 방법이 나옵니다. 하지만 그러한 선행 연구의 문제점은 그 공부 방법을 아이들이 실제로 실천할 수 있도록 이끄는 면이 부족하다는 것입니다.

공부 방법을 단순히 열거하는 것 이상으로 아이들이 그 공부 방법을 실제로 적용할 수 있도록 보조할 필요가 있다고 느꼈습니다. 이 책에서 소개한 공부 방법 중에는 효과가 탁월한 독창적인 공부 방법도 있습니다. 이 중에는 대중에게 거의 소개되지 않은 것도 있습니다. 이 책을 통해 저만의 공부 핵심 기밀들이 유출될 것입니다.

이 책에서 알려주는 공부 방법을 따라가다 보면 아이들은 지금의 학습 한계를 깨부수고 다시 태어날 것입니다. 이 책을 통해서 아이들은 다음과 같은 효과를 볼 수 있습니다. 첫째, 자기 주도적으로 즐겁게 공부하는 법을 체득할 수 있습니다. 둘째, 효율적으로 탁월한 성적을 획득하기 위한 실용적 재치를 갖출 수 있습니다. 셋째, 스스로 공부 계획을 세우고 실행하고 피드백을 가지면서 공부 실천력을 높일 수 있습니다. 마지막으로 무엇보다도 공부를 잘하는 비결 이면에 스며 있는 삶을 대하는 지혜를 얻을 것입니다.

이 책에는 수십만 원짜리 고액 과외도 전달해주지 못하는 진정한 교육적 가치가 담겨 있습니다. 지금부터 저와 함께 행복하고 효율적인 학습을 위한 일급 공부 기밀을 함께 열람해보실까요?

차례

공부,
불행의 이유이자
행복의 비결

내 몸은
왜 공부를
거부할까?

　혹시 공부할 때 '자아분열'을 경험한 적이 있나요? 누구나 한 번쯤 일종의 '자아분열'을 경험한 적이 분명히 있을 겁니다. 정신은 "그래도 공부하러 가야 해."라고 생각하지만 정작 몸은 공부를 거부합니다. 이렇게 정신과 몸이 공부 앞에서 서로 분열하는 순간이 있습니다. 공부가 불행하고 성과 없는 일이라는 생각과 공부를 해야 한다는 사실이 서로 교차하는 거죠.

　초록우산 어린이재단 산하 아동복지연구소에서 초등학생 연구자들이 '초등학생을 불행하게 하는 요인과 초등학생이 생각하는 행복의 비결'에 대해 직접 조사를 했습니다. 연구 결과가 어떠했을까요? 흥미롭게도 많은 초등학생이 공부가 자신을 불행하게 만드는 요인이라고 답했습니다. '하기 싫은 공부를 억지로 하는 게 힘들며, 학원에서의 시험과 숙제도 너무 많고, 시험 결과가 안 좋으면 꾸중을 들을까 겁나고 불안하다'고 했습니다. 그런데 이들은 공부 때문에 불행하다고 느끼는 동시에 '뛰어난 공부 실력', '성적 향상', '좋은 대학교 가기'를 행복의 비결로 꼽았습니다.

아이들이 공부 때문에 불행하지만 동시에 공부가 인생을 행복하게 만들어줄 것이라고 기대한다는 점이 인상적입니다. 어쩌면 우리는 초등학생 때부터 공부에 대한 양가감정을 경험해왔을 겁니다. 공부가 중요하고 필요한 행위라는 것을 알고 있지만 왜 공부를 불행하고 성과가 없는 일이라고 생각하게 되었을까요? 또 언제부터 공부에 대한 이와 같은 자아분열을 경험한 것일까요?

공부도 행복하고 효율적으로 할 수 있다

그런데 공부 그 자체가 불행하고 비효율적인 일은 결코 아닙니다. 학습은 '행복한 행위'이자 '효율적인 행위'입니다. 공부를 행복하게 할 수 있다면 가장 완벽한 학습 동기가 만들어지겠지요.

한편, 공부를 효율적으로 하기 위해서는 실용적인 학습 방법이 필요합니다. 공부를 즐길 때 얻을 수 있는 '학습 동기 상태'와 공부를 효율적으로 할 수 있는 '실용적 학습 방법 숙지'. 이 두 가지가 후천적으로 공부를 잘하게 만드는 비결입니다.

공부는 사회에서 성공을 이루는 데 요구되는 기본적 소양입니다. 빌 게이츠는 다음과 같이 말했습니다.

"공부 벌레들에게 잘해주십시오. 나중에 그 사람 밑에서 일하게 될 수도 있습니다."

우리가 지금 행복하게 공부할 줄 아는 애벌레가 된다면 나중에 멋진 나비가 되어 날개를 활짝 펼칠 수 있을 겁니다. 그런가 하면 또 다른 측면에서 공부는 인생을 살아가는 데 필요한 지침을 발견하게 해줍니다.

행복한 공부를 위한 비결

배우고 때때로 익히면 또한 즐겁지 아니한가? 친구가 먼 곳에서 찾아오면 역시 즐겁지 아니한가?

– 공자

공자는 기본적으로 '학습이 즐거운 행위'라고 말했습니다. 한 친구가 오직 저를 보고 싶다는 이유로 먼 곳에서 저를 찾아온 적이 있습니다. 그때 그 친구와 함께했던 시간은 즐거웠습니다. 공자의 말에 따르면 공부 역시 그 시간만큼 즐거운 일입니다. 공자의 말 속에서 '배우는 것'의 과정은 '학(學)'에 해당합니다. 먼저 깨우친 선생의 지식을 처음 받아들이는 과정을 의미하지요. '때때로 익히는' 과정은 '습(習)'에 해당합니다. 앞에서 배운 것을 스스로 소화해내는 과정을 의미하지요. 이러한 '학'과 '습', 즉 학습의 과정은 반가운 친구와의 시간을 함께 보내는 것처럼 본디 행복한 일입니다.

공부가 본래 행복한 일이라는 공자의 말에 얼마만큼 동의하나요? 공부의 즐거움에 대한 공자의 통찰은 현대 뇌 과학적 연구 결과와 일맥상통합니다. 뇌 과학 연구에 따르면 공부를 할 때 세로토닌, 옥시토신, 도파민이라는 호르몬이 분비된다고 합니다. 이 세 가지 호르몬은 사람들로 하여금 행복이나 의욕을 느끼게 해주는 것들입니다. 이를 통해 무엇을 알 수 있을까요? 인간은 공부를 하는 순간에 행복해질 수 있도록 설계된 존재라는 것이죠. 아주 오래전 공자가 말한 학습의 즐거움은 과학적으로도 증명되었습니다

슬기는 한동안 메신저와 미니홈피에 푹 빠져 하루 4~5시간 동

안 인터넷만 하기도 했습니다. 인터넷 안에서 이루어지는 친구들과의 교류가 그렇게도 재미있을 수 없었습니다. 그뿐 아니라 같은 반 남자 친구와 사귀며 공부와는 점점 멀어졌습니다. 그렇게 친구와 함께하는 시간이 즐거울 뿐이었습니다.

슬기는 방학 동안 마음을 잡고 다시 공부를 시작했습니다. 미니홈피를 탈퇴하고 메신저도 끊었습니다. 뿐만 아니라 남자 친구와도 헤어지기로 했습니다. 그러고 나서 공부를 하려다 보니 그저 막막하고 힘겨웠습니다.

슬기는 자신의 공부 방식을 먼저 분석해보았습니다. 마냥 진도만 빼는 기존의 방식에서 벗어나 한 단원씩 차근차근 확실히 개념을 공부해나갔습니다. 개념을 이해하면서 흥미를 느꼈습니다. 그 결과 전에는 그렇게 싫어했던 수학 과목이었는데 이제는 할 수 있다는 자신감도 생기고 결과도 만족할 만큼 나왔습니다. 노력한 만큼 결과도 나오자 슬기는 수학이 더 재미있어져서 시간 가는 줄도 모르고 스스로 공부하기 시작했습니다.

- EBS 〈공부의 왕도〉 정슬기 편

슬기는 친구와 시간을 보내는 데 흠뻑 빠져 있었습니다. 그러나 공부에 눈을 돌린 이후 친구와의 교제만큼이나 즐거운 공부의 맛을 점차 알게 된 것입니다. 이렇듯 친구와 노는 게 즐거운 일인 것처럼 학습도 흥미진진하고 성취감을 느끼게 해주는 행위입니다.

효율적 공부를 위한 비결

> 들은 것은 잊어버리고, 본 것은 기억하고, 해본 것은 이해한다.
> – 공자

공자의 이 짧은 말속에 학습의 효율성에 대한 작은 통찰이 담겨 있습니다. 공자는 '들은 것', '본 것', '해본 것'의 결과가 다르다고 합니다. 공자의 말은 오늘날 잘 알려진 학습 이론과 일맥상통합니다. 교육학자 에드가 데일은 '경험의 원추' 이론을 제시했습니다. 이에 따르면 상징적, 추상적 학습을 통해 얻어진 정보는 마치 '들은 것'처럼 쉽게 잊힙니다. 영상적 학습을 통해 얻어진 정보는 마치 '본 것'처럼 기억되기 쉽습니다. 행동적 학습을 통해 얻어진 정보는 마치 '해본 것'처럼 기억될 뿐 아니라 이해를 할 수 있습니다. 공자의 말과 에드가 데일의 이론은 서로 맥이 같습니다.

공자의 말과 에드가 데일의 이론을 오늘날의 입시 공부에 적용해보면 다음과 같습니다. 수동적인 자세로 학원 수업을 '듣기'만 한다면 그 수업 내용은 곧 잊힙니다. 능동적인 태

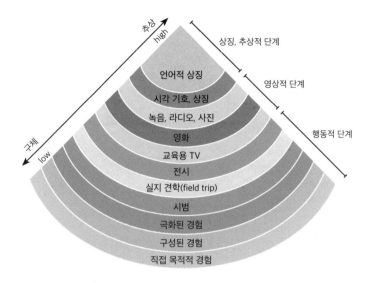

구체
low

추상
high

상징, 추상적 단계

영상적 단계

행동적 단계

언어적 상징
시각 기호, 상징
녹음, 라디오, 사진
영화
교육용 TV
전시
실지 견학(field trip)
시범
극화된 경험
구성된 경험
직접 목적적 경험

도로 스스로 책을 '본'다면 그 책의 내용은 기억됩니다. 관련 문제를 풀며 개념을 적용'해본'다면 그 개념을 쉽게 이해할 수 있습니다. 공부의 영역에는 망각을 유발하는 비효율적 방식이 있는가 하면 기억과 이해를 이끄는 효율적 방식이 따로 있습니다. 따라서 학습의 가장 효율적인 방식이 무엇인지 확인해봐야 하겠지요.

세헌이는 과학 공부에 시간과 노력을 투자했습니다. 그러나 과학 탐구 과목의 공부 방법을 잘 몰랐습니다. 고등학교 1학년 1학기 때는 단순히 과학 교과서를 읽고 밑줄 치는 방법으로 공부했습니다. 이런 공부법으로 인해 문제의 유형을 파악하지도. 개념을 충실히 공부하지도 못했다고 스스로 평가했습니다.

1학년 2학기 시험부터는 개념을 기본적으로 공부하고 나서 그것을 여러 가지 문제 유형에 적용해보는 방식으로 공부했습니다. 이런 공부법은 시험에 유리하게 작용했습니다. 세헌이는 문제 풀이의 효율성을 높일 수 있는 방식을 스스로 찾아낸 것입니다. 단순히 문제를 푸는 게 아니라 문제에서 특정한 유형을 발견해냈습니다. 문제에 언급된 몇 가지의 단어만으로도 이 문제의 출제 의도를 파악해내는 공부법을 터득한 것입니다.

세헌이는 고난도 문제를 정복하기 위해서 자신만의 독특한 오답노트를 만들었습니다. 일반적인 오답노트는 비효율적이라고 판단해 시간이 많이 들지 않는 자신만의 방식을 개발한 것입니다.

- EBS 〈공부의 왕도〉 이세헌 편

　세헌이는 처음에 수동적인 방식으로 과학 공부를 했습니다. 그러한 공부법은 과학 시험의 특성상 매우 비효율적이었습니다. 하지만 이후에 개념을 여러 문제에 적용하는 방식, 문제 풀이를 하면서 문제의 유형을 파악하는 방식, 자신만의 독특한 오답노트를 만드는 방식을 활용했습니다. 이러한 능동적인 공부 방식은 효율적인 결과를 가져왔습니다. 이렇듯 우리가 추구해야 할 효율적인 공부 비결이라는 게 따로 존재합니다.

공부 비결의
기초,
자기 주도 학습

타인 주도 공부의 실태

　공부를 올바로 하기만 한다면 분명 공부는 즐거움과 효율
적 결과를 가져옵니다. 하지만 무엇 때문에 우리는 불행하고
비효율적인 공부를 하는 함정에 빠지는 걸까요? 그 함정의
실마리를 제 경험에서 찾았습니다.

　한 학원에서 입시 강사를 하던 때였습니다. 그 학원에서
강사가 된 후 처음으로 수강생들이 학교 중간고사를 치르게
되었습니다. 저는 열정적으로 아이들을 위해 교과서 내용을
근거로 시험 대비를 해주었습니다. 그런데 안타깝게도 많은
아이들이 중간고사 시험을 잘 치르지 못했습니다. 그 결과가

너무 당황스러워 원인 분석에 나섰습니다.

한 아이에게 시험지를 보여달라고 했는데 시험지를 준 그 아이는 시험 범위의 중요한 내용을 근거로 출제된 문제는 거의 다 맞혔습니다. 그런데 시험지에는 교과서에 없었던 내용들이 섞여 있었습니다. 그 아이는 그런 문제들을 많이 틀렸습니다.

"이건 우리가 안 배운 거잖아? 근데 왜 시험에 나왔지?"

"네. 이 문제는 교과서에는 안 적혀 있었는데 학교 수업 시간에 선생님이 따로 책에 필기하라고 하신 내용이에요."

학원 강사였던 저는 학교 수업 시간에 필기한 내용이 시험 범위에 포함되는지 몰랐던 거지요. 뼈아픈 실수를 한 겁니다.

다시 그 아이에게 물었습니다.

"이런 필기 내용이 시험 범위에 포함되는지 몰랐어. 그래서 학원에서 이것에 대해 수업하지 못했네. 그런데 너는 이 필기 내용이 시험에 나올 수 있다는 걸 알면서도 왜 대비를 안 한 거니?"

아마도 그 아이는 학원 수업 때만 공부를 한 것 같습니다. 학원에서 수업하지 않은 내용은 집에서도 공부를 하지 않았던 거지요. 수강생 중 꽤 많은 아이들이 사실상 혼자서 주도적으로 시험 공부를 해보지 않았던 겁니다. 아이들은 학교 시험을 대비하기 위해서 학원 수업에만 온전히 의지하고 있었던 거지요.

  이러한 사례만 보더라도 많은 아이들이 사교육에 지나치게 의존한 채로 공부한다는 것을 알 수 있습니다. 생각보다 많은 아이들이 스스로 판단하는 주체적 시험 공부를 하지 않는다는 겁니다. 학원 강사를 포함한 모든 사교육 강사는 학교 선생님이 학교 수업 시간에 아이들한테 어떤 내용을 가르쳤는지 정확히 알 길이 없습니다. 따라서 사교육 강사는 아이들의 학교 시험을 대비해주기에는 솔직히 불리한 입장이라는 걸 생각해본 적 있나요? 시험 대비를 하기에 가장 유리한 입장에 있는 건 학생 본인밖에 없습니다. 그러나 아이러니하게도 많은 아이들이 자신이 아니라 사교육에 의존해 공부하고 있지요. 아이들은 사교육에 지나치게 순종적입니다. 자신의 필요에 따라 사교육을 부분적으로 이용하려 하지 않습니다. 즉 자신만의 공부를 추구하지 않고 있습니다.

타인 주도 공부에서 벗어나자

  때로는 학원과 같은 사교육이 아이들을 혼자서 공부할 줄 모르는 바보로 만들 수도 있다는 느낌이 들지 않나요? 모범적이지 않은 학원은 아이들이 시험을 대비하게 하는 공부 공장이라는 생각이 들 때도 있습니다. 공부 공장 안에서 많은 아이들이 공장 근로자처럼 아무 생각 없이 공부라는 산출물을 습관적으로 찍어내고 있습니다. 학원이라는 공부 공장에서 야간 근무를 하느라 이미 지칠 대로 지친 아이들이 집에 가서 혼자 주도적인 공부를 하는 경우는 거의 없을 거 같네요. 아이들은 시험 점수를 위해 사교육 공장에서 이른바 학습 근무를 하고 있는 듯합니다. 아이들은 흥미진진한 '공부'가 아니라 일종의 지겨운 '작업'을 하고 있는 것 아닐까요?

아이들이 좀 더 자유롭고 행복하게 그리고 더 효율적으로 공부하면 좋겠습니다. 공장 근로자가 아니라 프리랜서가 되어 혼자서 공부를 능동적으로 하면 좋겠습니다. 이는 학원을 포함한 사교육 자체가 필요 없다는 이야기가 아닙니다. 제 주변에는 훌륭한 교육관을 실천하고 계시는 원장님과 강사님들도 있습니다. 사교육을 능동적으로 이용하는 것이 아니라 그것 자체를 자신의 공부 전체인 양 받아들이는 타인 주도적 공부를 하는 아이들이 안타까울 따름입니다.

많은 아이들이 그저 높은 점수를 얻기 위한 공부를 하고 있습니다. 그들은 누군가에 의해 끌려가는 공부를 하고 있으니 불행할 수밖에 없습니다. 공부의 효율성 또한 사라지지요.

어린 시절 스스로 방 청소도 하고 책상 정리도 제대로 하려고 마음먹었던 적이 있나요? 그런데 그 순간 엄마가 방에

들어와서 잔소리를 합니다.

"네 방 꼬락서니가 이게 뭐니? 시키지 않아도 방 청소도 좀 하고. 꼭 이렇게 말해야 하니? 방 청소할 때는 청소기를 먼저 돌린 후에 걸레로 닦아야지…."

그 순간 주도적으로 방 정리를 하려는 마음이 싹 사라지고 오히려 청소하기가 싫어집니다.

공부도 마찬가지가 아닐까요? 아이가 생각을 진전시켜 스스로 공부를 하면 그것에서 즐거움도 발견하고 또 스스로 효율적인 방식도 찾을 수 있습니다. 그러나 학원, 부모, 학교가 자꾸 아이에게 기계적으로 공부를 시키면 아이는 '끌려가는 공부'를 하게 됩니다. 그러면 아이는 공부에서 즐거움을 찾기가 힘들어집니다. 그리고 스스로 공부를 효율적으로 하는 방법을 개척해나가지도 못합니다.

이처럼 타인 주도적인 공부는 불행하고 비효율적인 공부를 초래합니다. 그러나 아이들은 이미 타인 주도적인 공부에 익숙해져서 그것에서 벗어나는 것이 불안할지도 모릅니다. 그러니 우리는 얼른 이 함정에서 벗어나야 하겠지요?

　자기 주도적인 공부는 곧 행복하고 효율적인 공부의 시작점입니다. 타인 주도적인 공부의 함정에서 벗어나서 공부의 왕도로 걸어가는 첫걸음을 내디뎌 볼까요?

> 교육의 주요 역할은 배우려는 의욕과 능력을 몸에 심어주는 데 있다. '배운 인간'이 아닌 '계속 배워 나가는 인간'을 배출해야 하는 것이다.
> － 에릭 호퍼

　사회학자 에릭 호퍼는 교육의 역할에 대해 위와 같이 언급했습니다. 이 말의 의미는 내가 지금 받고 있는 사교육이 배우려는 의욕과 주도적인 학습 능력을 감소시킨다면 그것은 진정한 교육이 아니라 오히려 역효과를 내는 교육이라는 것입니다.

　무언가를 배우는 것 자체보다 중요한 것은 무언가를 계속 배워 나갈 의욕과 능력을 키우는 것입니다. 우리가 교육을 통해 성취하고자 하는 바는 '교육을 통해 배운 인간'보다는 '계속 배워 나가는 인간'이 되고자 하는 것입니다. 자기 주도 공부를 통해 학습 의욕과 효과적인 학습 능력을 배양해가는 것은 정말 중요합니다.

미래 사회에서는 이러한 교육의 방향이 더 두드러질 것입니다. 글자를 읽을 수 있느냐 없느냐에 따라 그 사람이 접근할 수 있는 지식의 범위는 크게 달라집니다. 이와 비슷하게 미래 사회에서는 스스로 공부하는 법을 배웠느냐 배우지 못했느냐에 따라 그 사람이 접근할 수 있는 지식의 범위가 크게 달라질 것입니다. 자기 주도적 공부법을 체득하지 못한 사람은 미래 사회에서 마치 문맹과 같을 것입니다. 그러므로 지금 자기 주도적 학습 능력을 발전시켜나가는 것은 매우 시급한 일이겠지요?

자기 주도 공부로 입문하자

타인 주도적 학습은 패키지여행을 떠나는 것에, 자기 주도적 학습은 자유 여행을 떠나는 것에 비교할 수 있습니다. 패키지여행을 하는 것과 같이 다른 누군가가 완전히 짜놓은 틀 안에서 타인 주도적으로 공부를 할 수도 있습니다. 오후 4~6시에는 수학 학원, 오후 7~9시에는 영어 과외, 오후 10~12시에는 숙제를 해야 하는 식입니다. 그러나 이러한 타인 주도적 학습 여행은 한계가 있을 뿐 아니라 비용도 비쌉니다. 자유도 없지요. 타인 주도적인 학습 여행에서 자신만의 즐거움을 찾기도 힘듭니다.

이제 자기 주도적 자유 학습 여행을 떠나볼까요? 어떤 사교육을 선택하고 어떤 공부 전략을 택할 것이며 어떻게 시험에 대비할 것인지 스스로 결정하는 겁니다. 비용도 획기적으로 덜 듭니다. 자유도도 높고요. 공부라는 여행에서 스스로 선택한 독특한 즐거움이 우리를 기다릴 겁니다. 이제 행복한 공부를 실천하기 위해 여태까지의 학습 방식을 전환할 용기를 내어보지 않겠습니까?

Chapter 1

행복한 공부를
위한
마음가짐

공부 인식부터 전환하라

공부 시러~시러~

아홉 살 늘이는 세상에서 공부가 제일 싫습니다. 숙제를 해야
만 TV를 볼 수 있다는 엄마의 말에 늘이가 사납게 심통을 부립
니다. 늘이는 책에 막 낙서를 하고 책을 구깁니다. 결국 늘이는
엄마한테 TV 시청권을 따냅니다. 그렇다고 늘이가 하루에 해야
하는 공부량이 또래에 비해 많은 것은 아닙니다. 늘이가 공부
해야 하는 양은 하루에 30분 정도만 해도 충분합니다. 그러나
늘이는 공부를 온종일 붙들고 있습니다.

단지 아홉 살짜리 아이만의 이야기일까요? 혹시 우리의 모습은 아닐까요? 그 양상만 다를 뿐 우리도 어쩌면 늘이와 비슷한 공부 인식을 갖고 있습니다. 머릿속에 '공부=싫은 것'이라는 인식이 자리 잡혀 있습니다.

공부 인식이란 공부에 대해 가진 전반적인 감정과 느낌을 일컫습니다. 우리의 공부 인식은 여러 가지 이유로 부정적인 쪽으로 기울어져 있습니다. 타인 주도적인 학습 환경 때문일 수도 있고, 부모님의 강압적인 교육 방식 때문일 수도 있으며, 공부에 대해 자꾸 부정적인 피드백만 주어지는 상황 때문일 수도 있습니다.

공부 인식 전환의 필요성

부정적인 공부 인식이 머릿속에 자리 잡히면 그것 자체가 공부를 심각한 정도로 방해합니다. 싫어하고 괴로워하는 일을 할 때 그 일을 능률적으로 하기 힘든 것처럼요. 공부하기 싫다는 감정으로 격앙된 채 공부하면 집중이 잘될 리가 없겠지요? 화가 난 상태에서 설거지를 하면 애꿎은 그릇이 깨지는 법입니다. 기분이 안 좋을 때 청소기를 돌리면 애꿎은 청소기가 이 물건 저 물건에 치이며 고생하기 마련입니다. 이렇듯 해야 할 일을 하기 싫다는 생각을 품고 시작하면 그 일이 행복하고 효율적으로 진행될 리가 없습니다. 따라서 우리는 다른 처치에 앞서 '싫어하는 공부'를 '즐거운 공부'로 전환하는 시도부터 시작해야 합니다.

무언가에 이미 갖고 있는 감정을 바꾸는 것은 쉬운 일이 아닙니다. 그러나 공부에 대한 인식을 전환하기 위한 비결이 있습니다. 학습된 무기력을 제거하고, 학습 난이도를 선택적으로 낮추는 것입니다. 그렇게 하면 싫어하는 공부를 즐겁게 할 수 있습니다.

♣ 행복한 공부를 위한 나만의 체크리스트

☐ 공부에 대해 갖고 있는 인식이 긍정적인가? 부정적인가?

☐ 내가 공부에 대해 부정적 인식을 가지게 된 원인은 무엇인지 그 이면을 분석해보자.

학습된 무기력을 제거하라

실험용 쥐 한 마리를 물이 담긴 수조 안에 넣습니다. 난데없이 물에 빠진 실험용 쥐는 그곳에서 빠져나오려고 안간힘을 씁니다. 그러나 물에서 벗어나려고 시도할수록 더 물속으로 빠져듭니다. 결국 실험용 쥐는 어떻게 될까요? 자신이 아무리 노력해도 물에서 빠져나올 수 없다는 무기력에 빠집니다. 이제 이 쥐는 너무 무기력해져서 물속에서 빠져나오려는 시도조차 하지 않습니다. 이 불쌍한 실험용 쥐의 모습을 상상해볼 수 있나요?

이는 '포솔드 강제 수영 실험'이라고 이름 붙여진 연구입니다. 이 실험이 공부와 관련해 시사하는 점은 무엇일까요? 무언가를 반복해서 시도하지만 그것이 반복해서 실패할 때 점진적으로 그 일에 무기력하게 된다는 겁니다. 이를 '학습된 무기력'이라고 합니다. 학습된 무기력은 새로운 도전과 의지를 발휘할 수 없도록 만듭니다. 마치 불쌍한 실험용 쥐처럼 말이에요. 우리도 어쩌면 공부에서 학습된 무기력에 빠져 있는 건 아닐까요? 공부를 반복해서 여태껏 시도해왔지만 그 시도가 즐거움을 주지 못하는 일도 반복적으로 경험해 보았을 겁니다. 이 경험이 계속 반복된다면 점진적으로 공부에 대해 무기력을 느낄 수 있겠지요.

그러나 학습된 무기력을 제거하는 것은 가능합니다. 심리학자 마틴 셀리그만에 따르면 무기력이 반복 과정에서 점차 학습되는 것처럼 할 수 있다는 자신감 역시 반복 과정에서 점차 학습된다고 합니다. 어떤 일을 하면서 긍정적인 기분을 반복적으로 느끼면 그 일에 대해 점차 긍정적인 쪽으로 생각하게 됩니다. 이 원리를 공부에 적용해볼까요? 공부하면서 성취감을 느끼는 경험을 반복할수록 공부에 대한 부정적인 인식은 사라집니다.

공부와 관련된 학습된 무기력을 제거하고 학습 의욕을 불러일으키기 위한 실제적 조치를 세 가지 원칙에 따라 적용해 봅시다.

계획했던 공부를 실천하지 못하는 일이 반복되면 공부에 대한 무기력을 학습하게 됩니다. 이러한 계획 실패로 인해 학습된 무기력을 방지하기 위한 실용적 제안이 있습니다.

바로 한 덩어리로 되어있는 공부 계획을 조그마한 여러 덩어리로 쪼개어 계획하는 것입니다. 예를 들어, '수학 시험 범위까지 모두 복습하기'처럼 한 덩어리 통째로 하루 계획을 짜놓았다면 실천하기가 매우 어렵습니다. 이를 해결할 수 있는 방법은 이 한 덩어리의 계획을 세부적으로 나누어보는 것입니다.

'수학 시험 범위까지 모두 복습하기' 대신 이를 세분화해 '이차방정식 기본 개념 숙지', '이차방정식 1단계 문제 풀기', '이차방정식 1단계 채점/오답 풀이'와 같은 계획으로 바꾸어보세요. 그리고 이렇게 쪼개진 계획들을 직접 적어보는 것이 좋습니다.

'수학 시험 범위까지 모두 복습하기'라는 계획을 머릿속으로만 생각하는 경우 이 계획의 끝부분을 실천하지 못하면 계획 전체를 실천하지 못한 것이 됩니다. 그렇게 되면 이날은 하나의 계획도 실천하지 못하는 날이 되고 맙니다. 이런 일이 반복되면 '난 공부를 계획해도 실천을 전혀 못해.'라는 무기력한 생각을 학습하게 되지요.

2023년 7월 28일 금요일		
START	오늘의 할일	
FINISH	∘	
	∘	
	∘	
	∘	

과목	내용	
수학	시험범위까지 모두 복습하기	

2023년 7월 28일 금요일		
START	오늘의 할일	
FINISH	∘	
	∘	
	∘	
	∘	

과목	내용	
수학	이차방정식 개본 개념 숙지(55p)	∨
수학	이차방정식 1단계 문제 풀기(56~58p)	∨
수학	이차방정식 1단계 채점(오답 풀이)	

이에 반해 '수학 시험 범위까지 모두 복습하기'를 세분화해 '이차방정식 기본 개념 숙지, 이차방정식 1단계 문제 풀기, 이차방정식 1단계 채점/오답 풀이'와 같이 글로 적으면 정반대의 효과가 나타납니다. 이 세 가지 중 한 가지를 실천하지 못하더라도 나머지 두 가지는 실천한 것이지요. 이와 같은 방식의 계획 수립과 실천을 반복하면 '난 세 가지 공부 계획을 세우면 적어도 두 가지는 실천할 수 있는 사람이야.'라는 긍정적인 생각을 학습할 수 있습니다.

더불어 다이어리에 하루 동안 해야 할 여러 가지 계획을 적어놓고 실천한 계획에는 반드시 체크 표시를 합니다. 실천한 계획에 가장 좋아하는 펜으로 체크 표시를 멋지게 하면서 의도적으로 만족감과 성취감을 느끼려고 해보세요. 그러면 실제로 그렇게 느끼게 될 것입니다. 다이어리에 적어놓은 공부 계획에 실천 완료 표시를 하면서 즐거움을 느끼는 일을 습관으로 만들어보면 어떨까요? 그 일을 완료할 때마다 기분이 좋아지고 오늘도 보람찬 공부를 했다는 생각에 흐뭇해질 것입니다.

이와 같은 조그마한 성공들을 매일 반복하면 할수록 공부는 보람 있는 일로 각인됩니다. 특히, 하루 계획을 세분화해 다이어리에 작성해놓으면 실천에 성공할 때마다 체크 표시를 할 수 있는 계획의 수도 많아집니다. 그렇게 되면 공부에서 성취감을 느낄 수 있는 횟수 또한 많아지겠지요.

매일 조그마한 성공을 느끼게 해주는 또 다른 전략이 있습니다. 하루 학습을 끝내는 시점에 하루 동안 공부한 전체 분량을 눈으로 쭉 훑어보는 습관을 들이는 것입니다. 자신이 학습한 것을 들여다보면서 하루의 끝에 보람을 마구 느끼는 방법이랍니다. 이 습관 자체가 기분을 좋게 해주기 때문에 이 습관을 들이는 건 결코 힘든 일이 아닙니다. 그저 하루를 마무리하는 시간에 하루 동안 공부한 책을 쭉 훑어보면서 '와. 오늘 내가 이렇게 많은 양을 이렇게 열심히 공부했네. 뿌듯한 걸?'이라는 생각만 하면 됩니다. 그러면 내일도 열정적으로 공부하고 싶은 마음이 무의식적으로 생긴답니다.

결과에서 보람을 느낀다고 생각할 수 있지만 과정에서도 보람을 느낄 수 있습니다. 높은 시험 점수와 같은 결과에서만 보람을 느끼려고 한다면 시험을 치르기 전까지의 공부 과정이 너무나 힘들지 않을까요? 결국 시험을 치르기 전에 지칠지도 몰라요. 그러나 공부하는 매 과정에서 보람과 성취감을 느낄 수만 있다면 공부를 계속할 수 있는 힘이 솟구치겠지요.

공부 과정에서 보람을 느끼기 위해서는 '중간 목표'를 세워야 합니다. 시험 결과의 목표만 세우는 것이 아니라 시험을 치르는 중간 과정에서의 목표도 필요합니다. 이를테면 3일간의 목표, 1주간 목표, 2주간 목표와 같은 것입니다. 이렇게 목표를 세우면 아직 시험을 치르지 않았지만 3일이나 목표대로 공부해왔기 때문에 그 과정에서 주기적으로 보람을 느낄 수 있습니다.

중간 목표를 세우는 방법에 대해 알아보겠습니다. 우선, 시험 결과의 목표뿐 아니라 시험 과정의 목표를 설정합니다. 그러고 나서 과정의 목표들을 다이어리에 따로 적어놓습니다.

다음의 표를 예로 들어봅시다. 이 표처럼 시험까지 나아가는 과정에서 시간의 흐름에 따른 공부의 페이스를 목표로 잡아놓을 수 있지요. '앞으로 1주 동안에는 이만큼 공부하면

과목& 시험 범위	과정의 목표	1주간 목표 (3월 3주차까지)	2주간 목표 (3월 4주차까지)	시험 직전 목표 (4월 2주: 시험 주간)
국어	1단원	완료 I	완료 II	
	2단원	완료 I	완료 II	완료 IV
	3단원		완료 I	
수학	1단원	완료 I	완료 II	
	2단원	완료 I	완료 II	완료 IV
	3단원		완료 I	
	4단원		완료 I	
영어	1단원	완료 I	완료 II	
	2단원		완료 I	완료 IV
	3단원		완료 I	

● 완료 I 은 1회차 공부 완료를, 완료 II 은 2회차 공부 완료를, 완료 IV 은 4회차 공부 완료 등을 뜻합니다.

되겠어.', '앞으로 2주 동안에는 이만큼의 공부는 해야 하겠
어', '시험 직전에 이만큼 공부를 완료하고서 시험을 치를 거
야.'와 같은 목표가 반영된 겁니다.

세 번째 원칙 : 실제적인 계획 설정하기

학습된 무기력에 또다시 빠져 버리는 함정을 피하기 위해

서는 공부 목표와 계획이 실천 가능해야 합니다. 지나치게 이상적이거나 힘겨운 계획을 수립해놓으면 결국 실천하지 못하겠지요? 이렇게 실천하지 못하는 일이 반복되면 무기력에 빠져 버리죠. 이를 피하기 위해 공부 목표와 계획의 난이도는 적절한 수준이어야 합니다. 만약 자신이 이미 학습된 무기력에 빠져 있는 상태라면 차라리 계획을 느슨하고 실천하기 쉽게 짜는 것이 좋습니다.

처음에는 목표와 계획을 최대한 쉽게, 최대한 여러 덩어리로 쪼개어서 설정해보세요. 그리고 다이어리를 펴서 공부가 실제적인지를 평가해봅니다. 계획과 목표 모두 현실적으로 따라갈 수 있는 것이어야 합니다. 그렇게 해나간다면 학습된 무기력 속에서 헤엄쳐 나올 힘을 얻을 것입니다.

학습 난이도를 조절하라

예전에 유명한 수학 고액 과외 선생님에게서 아이들을 잘 가르치는 비결에 대해 들어본 적이 있습니다. 고액을 받을 만큼 아이들의 수학 성적을 올리는 비법은 무엇이었을까요? 그 비법이 의외로 단순해서 놀랐습니다. 바로 과외하는 아이의 현재 실력보다 딱 한 단계만 더 높은 수준의 문제를 풀게 한다는 것이었습니다. 그러다가 아이의 실력이 높아져서 그 난이도의 문제를 풀 수 있게 되면 이제 그보다 딱 한 단계만 더 어려운 문제를 아이에게 건넨다는 것입니다. 이 과정을 반복하다 보면 아이들은 어느새 일취월장한다고 합니다.

만약 이 수학 선생님이 아이의 수준보다 두 단계 이상 높은 수준의 문제를 곧바로 아이들에게 건넸다면 어땠을까요? 결과는 달라졌을 겁니다. 아이들은 지나치게 높은 난이도의 수학 문제를 풀면서 부정적인 공부 인식을 갖게 될 것입니다. 이 수학 선생님은 학습 난이도를 적절한 정도로 채택하는 것이 중요하다는 사실을 알고 있었던 겁니다.

학습 난이도가 너무 쉬우면 아이의 실력이 높아질 수 없습니다. 반대로 학습 난이도가 지나치게 어려우면 아이는 공부에 흥미를 잃을 수 있습니다. 그 공부가 너무 힘든 일로 느껴지기 때문이지요.

많은 아이가 지나치게 높은 학습 난이도를 고수하기 때문에 공부에 대한 부정적인 인식이 형성됩니다. 학습 난이도를 불필요하게 높일 필요가 없습니다. 공부가 너무 지치는 일이라는 편견을 깨뜨리려면 학습의 난이도를 적절한 수준으로 하향해야 합니다. 학습 난이도를 조절할 때 다음과 같은 방법을 적용해봅시다.

자신의 수준에 맞는 문제만 풀기

많은 아이들이 수학 공부를 할 때 쉬운 문제들만 신나게 쭉 풀어나갑니다. 그러다가 터무니없이 어려운 문제를 만나면 그 문제에 붙들려서 계속 고민하고 고심하고 고뇌하다가 결국은 고통의 늪에 빠집니다. 그러면 수학 문제집을 푸는 것은 고통스러운 일이라는 인식이 은연중에 아이들의 뇌에 각인되겠지요?

수학 문제를 풀 때 자신의 수준보다 높은 문제는 차라리 풀지 말고 넘어가는 것이 좋습니다. 많은 수학 문제집은 문제를 난이도별로 분류해놓았습니다. 가장 쉬운 A 단계 문제를 풀고 나면 중간 B 단계 문제가 모여 있고 그다음에는 가장 어려운 C 단계 문제가 있습니다. 만약 B 단계의 문제를 풀 때 어느 정도 어려움을 느끼는 상황이라면 굳이 C 단계의 문제들은 풀지 말고 넘겨버리는 게 낫습니다. 나중에 자신의 수학 실력이 명백히 향상되었을 때 다시 C 단계의 문제를 풀면 어떨까요? 난이도별로 문제를 분류해놓은 수학 문제집 말고도 모든 종류의 수학 문제집에 이 원리를 적용해보세요.

이 원리를 수학뿐 아니라 다른 모든 과목의 학습에도 적용해보면 어떨까요? 영어 독해 기출문제를 공부할 때 영어 독해 분야에서 최상위권이 아니라면 정답률이 매우 낮은 문제, 즉 고난도 문제는 풀지 말고 넘어가세요. 나중에 실력이 향상되면 그때 고난도 문제를 풀어도 됩니다. 아예 안 풀고 넘어가도 상관없어요.

이러한 방식을 학습에 적용한다면 어려운 문제로 진을 빼고서 공부가 싫어지는 일을 피할 수 있습니다. 특히, 공부에 대한 깊은 부정적 인식에 빠져 있는 상태일수록 학습 난이도를 적극적으로 하향시킬 필요가 있습니다. 실력이 오르면 그때 가서 학습 난이도를 조금씩 올려보세요. 그러면 공부가 즐거워지는 계기를 마련할 수 있습니다. 이러한 학습 난이도 조절의 원리가 합리적이라고 생각하나요?

쉽게 쉽게 읽기

문제를 풀 때만 아니라 개념을 공부하는 때도 학습 난이도를 낮출 수 있습니다. 다 같은 교과서를 공부하고 다 같은 개념을 공부해야 하는데 어떻게 개념 공부의 난이도를 낮출 수 있을까요? 미래엔 출판사에서 나온 고등학교 생활과 윤리 교과서 1단원에 나오는 '동양 윤리의 접근' 부분을 예로 들어보겠습니다.

일반적으로 순서의 변화를 주지 않고 공부하는 방식은 다음과 같습니다.

1. 동양 윤리의 접근 : 사단? 수기이안인? 대동 사회? 아, 어렵다.

이런 식으로 교과서 한 페이지를 읽다 보면 어려운 내용 때문에 지칩니다. 다 읽었을 때 머릿속에 남는 것도 얼마 없습니다. 이제 순서의 변화를 주고서 전체 내용을 쉬운 것부터 공부해봅시다.

1단계 읽기

1. 동양 윤리의 접근

유교 윤리적 접근 (유교 윤리에 대한 구체적 내용은 다 넘어간다.)

불교 윤리적 접근 (불교 윤리에 대한 구체적 내용은 다 넘어간다.)

도가 윤리적 접근 (도가 윤리에 대한 구체적 내용은 다 넘어간다.)

이렇게 읽는 것을 '1단계 읽기'라고 합니다. 복잡한 내용은 일단 넘기는 겁니다. 1단계 읽기의 과정에서 동양 윤리적 접근에는 유교, 불교, 도가 윤리적 접근이 있다는 것을 파악하면 됩니다.

이제 '2단계 읽기'의 과정을 해보겠습니다.

2단계 읽기

1. 동양 윤리의 접근

- 동양 윤리적 접근: 유교, 불교, 도가 윤리적 접근

- 유교 윤리

ㄱ. 목적:

　－ 수양을 통한 도덕적 인격 완성

　－ 도덕적 공동체의 실현

ㄴ. 시사점:

　－ 도덕적 해이 현상 극복

　－ 인간성 상실 문제 해결

　－ 지나친 개인주의 문제 해결

－ 불교 윤리

ㄱ. 목적:

　－ 연기에 대한 깨달음

　－ 모든 생명은 평등

　－ 인간의 주체성

ㄴ. 시사점:

　－ 내면 성찰과 정신 수양

　－ 생명 경시 풍조나 생태계 문제 해결

　－ 보편적 인류애의 중요성

－ 도가 윤리

ㄱ. 목적:

　－ 자연의 순리에 따르는 삶

　－ 평등적 세계관

ㄴ. 시사점:

    – 세속적 가치에 대한 지나친 욕망에서 벗어남

    – 환경 문제 해결

    이것이 2단계 읽기입니다. 유교, 불교, 도가 윤리적 접근에 대해서 좀 더 구체적인 내용을 읽은 것입니다. 3단계 읽기에서는 각 문단의 구체적인 내용을 더 파악하면서 읽을 수 있습니다. 이렇게 단계적으로 쉽게 쉽게 읽어나가면 전체 교과서 내용을 결국 다 이해할 수 있습니다.

    이 원리는 글을 읽을 때 선택적으로 부분만 읽으면서 넘어가라는 말과 일맥상통합니다. 교과서 내용이 너무 어렵다면 처음에는 '수박 겉핥기식'으로 공부합니다. 수박 겉을 핥았다면 그다음에는 조심스레 수박 껍질를 벗기고 씨 먼저 다 빼고 마지막으로 수박의 붉은 과즙을 야금야금 먹으면 됩니다. 단계적이고 선택적으로, 쉽게 쉽게 개념을 읽어나가 볼까요? 이러한 방식을 사용하면 개념 공부의 난이도를 낮출 수 있습니다.

02
현대 윤리 문제에
대한 접근

동서양의 윤리를
통해 현대의 윤리 문제를
어떻게 풀어 갈 수 있는가?
이 단원을 탐구하여
물음에 답해 보자. ⟶ p. 31

1 동양 윤리의 접근

학습 목표 · 유교, 불교, 도가 윤리의 특징을 설명할 수 있다.
· 유교, 불교, 도가 윤리가 현대 윤리 문제의 해결에 줄 수 있는 시사점을 제시할 수 있다.

핵심 개념 □ 유교 윤리 　□ 불교 윤리 　□ 도가 윤리

생각 열기

외모도 중요하지만
내면적 도덕성이
더 중요해.

외모에 대한
집착은 자신에게
고통을 줄 뿐이야.

성형은 본래 자신의
자연스러운 모습을
훼손하는 거야.

◉ 나는 누구의 말에 동의하는가?

　동양 윤리적 접근은 크게 유교, 불교, 도가 윤리적 접근으로 구분할 수 있다. 이에 대한 탐구를 통해 우리는 현대 사회에서 발생하는 다양한 윤리 문제에 관한 진단과 해결 방안을 탐색해 볼 수 있다.

유교 윤리적 접근

연계 학습 » 30쪽 원전 탐구

배경지식 ⊕ 맹자의 사단(四端)
· 측은지심(惻隱之心): 남을 불쌍히 여기는 마음
· 수오지심(羞惡之心): 옳지 못함을 부끄러워하고 착하지 못함을 미워하는 마음
· 사양지심(辭讓之心): 겸손하여 양보하는 마음
· 시비지심(是非之心): 옳고 그름을 가릴 줄 아는 마음

　유교 윤리가 추구하는 궁극적인 목적은 수양을 통한 도덕적 인격 완성과 도덕적 이상 사회의 실현에 있다. 공자는 인(仁)을 타고난 내면적 도덕성으로 보았는데, 여기서 인이란 사람을 사랑하는 것을 의미한다. 공자를 계승한 맹자는 사단이라는 선한 마음이 누구에게나 주어져 있다고 주장하였다. 유교 윤리에서는 이러한 도덕성을 바탕으로 지속적으로 수양하면 누구나 도덕적으로 완성된 인간인 성인(聖人)이나 군자(君子)가 될 수 있다고 본다.

　더불어 유교 윤리는 도덕적 공동체의 실현을 중시한다. 유교 윤리에서는 진실된 마음으로 상대를 대하며, 자신이 원하지 않는 일을 남에게 하지 말라는 '충서(忠恕)'와 같은 덕목을 통해 타인에 대한 존중과 배려를 강조한다. 그뿐만 아니라 수신이나 수양을 바탕으로 다른 사람을 편안하게 해야 한다는 '수기이안인(修己以安人)'의 가르침을 강조한다. 이렇듯 공동체를 중시하는 유교의 특성은 사람들 사

자료 ❷ 오륜(五倫)

- 부자유친(父子有親): 어버이와 자식 사이에는 친함이 있어야 한다.
- 군신유의(君臣有義): 임금과 신하 사이에는 의로움이 있어야 한다.
- 부부유별(夫婦有別): 부부 사이에는 구별이 있어야 한다.
- 장유유서(長幼有序): 어른과 아이 사이에는 차례와 질서가 있어야 한다.
- 붕우유신(朋友有信): 친구 사이에는 믿음이 있어야 한다.

◆도덕적 해이(解弛)
도덕규범을 지키려는 마음이 느슨해지는 현상

○ 유교 윤리의 공동체를 중시하는 마음은 어려운 이웃을 돕는 행위로 나타난다.

이의 관계성을 중시하는 측면으로 나타나는데, 이는 유교 윤리의 핵심 규범인 오륜을 통해서도 알 수 있다. 유교 윤리에서는 도덕적 공동체의 실현을 위해 통치 방법과 관련하여 형벌이나 무력보다는 도덕과 예의로써 백성들을 교화하며, 백성들이 도덕적인 마음을 잃지 않도록 기본적인 생활을 보장해 주어야 한다는 점을 강조한다. 이를 통해 유교 윤리는 모두가 더불어 잘 사는 '대동 사회(大同社會)'라 05 는 이상 사회를 이룩할 수 있다고 본다.

개인의 도덕적 완성과 도덕적 공동체의 실현을 특징으로 하는 유교 윤리는 현대의 다양한 윤리 문제를 해결하는 데 다음과 같은 시사점을 줄 수 있다.

먼저 유교 윤리는 도덕적 해이 현상을 극복하는 데 기여할 수 있다. 현대 사회에서는 지나친 욕망으로 인해 도덕규범을 지키지 않아 이웃과 공동체에 피해를 주 10 는 일이 종종 발생하고 있다. 하지만 유교 윤리에서 강조하는 자기 수양의 자세를 되살린다면 도덕적 해이 현상을 극복하는 데 도움을 줄 수 있다.

또한 유교 윤리는 인간성 상실 문제를 해결하는 데 도움을 줄 수 있다. 오늘날 현대인들은 인간을 단지 자신의 이익을 얻기 위한 수단으로 여기기도 한다. 인간을 내면적 도덕성을 지닌 존재로 인식하는 유교 윤리는 이러한 풍조를 완화하고 15 인간 존엄성을 회복하는 데 기여할 수 있다.

그리고 유교 윤리는 지나친 개인주의 문제를 해결하는 데 도움을 줄 수 있다. 오늘날 현대인들은 개인의 독립성과 자율성을 강조하는데, 이를 지나치게 강조하다 보면 이기주의로 변질하여 사회적 문제를 일으키기도 한다. 유교 윤리에서 강조하는 공동체 윤리를 현대적으로 되살린다면 이러한 이기주의로 발생하는 다양 20 한 사회 문제를 해결하는 데 도움을 줄 수 있다.

개념 대동 사회

큰 도가 행해진 세상에는 천하가 모든 사람의 것이다. 사람들은 어진 이와 능한 이를 선출하여 관직을 맡게 하고, 온갖 수단을 다하여 서로 간의 신뢰와 친목을 두텁게 한다. 그러므로 사람들은 각자의 부모만을 부모로 섬기지 않으며, 각자 자기 자식만을 자식으로 여기지 않는다. 그 생애를 편안하게 마치게 해 주며, 장정에게는 충분한 일자리를 제공해 주며, 어린아이에게는 마음껏 성장할 수 있게 해 주며, 과부와 고아, 장애인 등에게는 고생 없는 생활을 할 수 있게 해 주며, 성년 남자에게는 걸맞은 직분을 주며, 여자에게는 합당한 남편이 있도록 해 준다. 재화라는 것이 헛되이 낭비되는 것을 미워하지만, 반드시 자기만 사사로이 독점하지 않으며, 힘이라는 것은 사람의 몸에서 나오지 않으면 안 되는 것이지만, 그 노력은 반드시 자기 자신의 사적인 이익을 위해서만 쓰지 않는다. 모두가 이러한 마음가짐이기 때문에 모략이 있을 수 없으며, 절도나 폭력도 없으며, 아무도 문을 잠그는 일이 없다. 이러한 세계를 '대동(大同)'이라 한다.
-『예기』

분석 해석 공자는 '대동 사회'를 이상 사회로 제시하였다. 대동 사회는 인륜(人倫)이 실현된 사회로서 각 개인이 자신의 능력을 충분히 발휘할 수 있으며, 누구에게나 기본적인 삶이 보장되고 서로가 신뢰하고 도와주기 때문에 범죄가 발생하지 않는 사회이다.

불교 윤리적 접근

●불성(佛性)
누구나 가지고 있는 부처의 마음
으로, 깨달음을 얻어 부처가 될
수 있다.

●열반(涅槃)
영원한 진리를 깨달아 모든 번뇌
의 속박과 고통에서 벗어난 평온
한 상태를 뜻한다.

●해탈(解脫)
번뇌의 얽매임에서 풀리고 미혹
의 괴로움에서 벗어난 경지이다.

개념 삼학(三學)
· 계(戒): 몸과 입, 뜻으로 나쁜 짓
을 하지 않도록 막는 것이다.
· 정(定): 어지럽게 흩어진 마음을
한 곳으로 모으는 것이다.
· 혜(慧): 분별심을 없애고 진리를
있는 그대로 보는 것이다.

○ 방생은 불교 윤리의 생명 존중
을 실천하는 방법이다.

불교 윤리가 추구하는 궁극적인 목적은 고통에서 벗어나 진정한 행복에 이르는 데 있다. 이를 위해 불교에서는 연기(緣起)에 대한 깨달음을 강조한다. 연기란 모든 존재와 현상에는 일정한 원인[因]과 조건[緣]이 있다는 것을 의미한다. 세상의 모든 존재와 현상은 서로가 서로에게 원인이 되기도 하고 조건이 되기도 하면서 생겨나고 사라진다는 것이다. 불교에서는 모든 것이 상호 관계 속에서만 존재한다 05 는 연기의 법칙을 깨닫게 되면 모든 것에 대하여 자비(慈悲)의 마음이 저절로 생길 뿐만 아니라 고통의 근본적인 원인인 탐욕에서 벗어날 수 있다고 본다.

불교 윤리에서는 살아 있는 모든 존재에게는 불성이 있기 때문에 모든 생명은 평등하며, 인간은 누구나 주체적으로 계·정·혜의 삼학 등과 같은 수행 방법을 통해 진리에 대한 깨달음을 얻을 수 있다고 주장한다. 특히 대승 불교에서는 깨달음 10 을 얻어 중생을 구제하고자 하는 보살을 이상적 인간상으로 제시한다. 불교에서는 진리에 대한 깨달음을 얻어 고통에서 벗어나면 열반 혹은 해탈이라는 이상적 경지에 도달할 수 있다고 본다.

연기적 세계관, 평등적 세계관, 주체적 인간관을 특징으로 하는 불교 윤리는 현대의 다양한 윤리 문제를 해결하는 데 다음과 같은 시사점을 줄 수 있다. 15

먼저 불교 윤리는 인간의 내면을 성찰하고 정신 수양을 하는 데 기여할 수 있다. 오늘날 현대인들은 마음의 고통과 가치관의 혼란을 겪기도 한다. 불교는 참선과 같은 수행 방법을 제시하여 현대인들이 평정심을 찾는 데 도움을 줄 수 있다.

또한 불교 윤리는 생명 경시 풍조나 생태계 문제 해결에 기여할 수 있다. 불교에서는 인간뿐만 아니라 모든 생명체에 불성이 내재해 있다고 보기 때문에 무분별 20 한 살생과 환경 파괴를 경계할 수 있다.

그리고 불교 윤리는 보편적인 인류애의 중요성을 되새기게 할 수 있다. 오늘날에는 민족이나 국가 간의 대립과 갈등으로 많은 이들이 전쟁 등의 고통을 겪고 있다. 이러한 상황에서 자비의 실천으로 대중을 구제하려고 했던 불교 윤리는 보편적인 인류애를 발휘하여 전 세계인에게 평화를 가져다줄 수 있을 것이다. 25

개념 연기(緣起)

이것이 있기 때문에 저것이 있고, 이것이 생기기 때문에 저것이 생긴다. 이것이 없기 때문에 저것이 없고, 이것이 사라지기 때문에 저것이 사라진다. 비유하면 세 개의 갈대가 아무것도 없는 땅 위에 서려고 할 때 서로 의지해야 설 수 있는 것과 같다. 만일 그 가운데 한 개를 제거해 버리면 두 개의 갈대는 서지 못하고, 그 가운데 두 개의 갈대를 제거해 버리면 나머지 한 개도 역시 서지 못한다. 세 개의 갈대는 서로 의지해야 설 수 있는 것이다. —「잡아함경」—

22 I. 현대의 삶과 실천 윤리

도가 윤리적 접근

연계 학습 >> 30쪽 원전 탐구

● 소국 과민(小國寡民)
영토가 작고 인구가 적은 나라

──── 좌망과 심재
· 좌망(坐忘): 조용히 앉아서 자신
을 구속하는 일체의 것들을 잊
어버리는 것이다.
· 심재(心齋): 마음을 비워서 깨끗
이 하는 것이다.

○ 도가 윤리는 세속적인 가치에
서 벗어나 자연의 질서에 따라 물
흐르듯 살아가는 삶을 추구한다.

도가 윤리는 자연의 순리에 따르는 삶을 강조한다. 노자는 "도(道)는 자연을 본받아 어긋나지 않는다."라고 하여, 천지 만물의 근원인 도의 특성이 인위적으로 강제하지 않고 자연스러움을 따르는 무위자연(無爲自然)이라고 주장하였다. 도가 윤리는 이러한 무위자연을 이상적 삶의 모습으로 제시하며, 무위의 다스림이 이루어지는 소국 과민을 이상 사회로 본다. 05

더불어 도가 윤리는 평등적 세계관을 강조한다. 장자는 "도의 관점에서 볼 때 무엇을 귀하게 여기고, 무엇을 천하게 여기겠는가?"라고 하여, 세상 만물은 평등한 가치를 지닌다고 주장하였다. 이렇게 세상 만물을 차별하지 않고 한결같이 보는 상태를 제물(齊物)이라고 한다. 도가 윤리는 제물의 경지에 이르기 위한 방법으로 좌망과 심재를 제시하며, 이를 통해 모든 차별이 소멸된 정신적 자유의 경지 10 에 오른 이상적 인간을 지인(至人), 진인(眞人), 신인(神人), 천인(天人)이라고 부른다.

자연의 순리에 따르는 삶과 평등적 세계관을 특징으로 하는 도가 윤리는 현대의 다양한 윤리 문제를 해결하는 데 다음과 같은 시사점을 줄 수 있다.

먼저 도가 윤리는 세속적 가치에 대한 지나친 욕망에서 벗어나게 하는 데 기여 15 할 수 있다. 무위자연이나 제물을 강조한 도가 윤리는 내면의 자유로움을 추구함으로써 부와 명예 등 세속적 가치에서 벗어나 진정한 행복에 이를 수 있게 한다.

또한 도가 윤리는 환경 문제를 해결하는 데 도움을 줄 수 있다. 도가 윤리에서는 인간을 자연의 일부로 보고 자연의 질서에 순응할 것을 강조한다. 이를 통해 우리는 환경 문제를 근본적으로 해결하기 위한 사고의 전환을 이룰 수 있다. 20

🐾 탐구하고 실천하기
(윤리적 실천 방안 제안하기)

다음 글에 나타난 윤리 문제의 극복 방안을 유교, 불교, 도가 윤리의 관점 중 하나를 골라 써 보자.

한국방정환재단과 연세대학교 사회발전연구소가 실시한 「대한민국 어린이·청소년 행복 지수 국제 비교 연구」 보고서에서 "행복을 위해 가장 필요한 것이 무엇인가?"라는 질문에 고등학생은 "돈(19.2 %)"을 최우선 조건으로 꼽았고, 이어 "성적 향상(18.7 %)", "화목한 가정(17.5 %)" 순이었다. 그리고 몇 년 전 흥사단 투명사회운동본부의 발표에서는 초·중·고등학생의 정직 지수가 각각 85점, 72점, 67점으로 나타났는데, 특히 고등학생의 44 %는 "10억 원이 생긴다면 1년간 감옥을 가는 것도 무릅쓰겠다."라고 답변했다. ─ 「한국일보」, 2014. 10. 14. ─

　포모도로 기법을 적용하면 공부를 좀 더 쉽게 할 수 있습니다. 이 기법은 학습의 내용이 아닌 학습 방식을 조정함으로써 공부 난이도를 낮추는 효과가 있습니다.

　우선, 집중에 방해되는 주변 요소를 모두 제거합니다. 그러고 나서 25분간 최대한 집중해서 공부라는 과업을 수행합니다. 이 과업 수행의 보상으로 5분간 꿀맛 같은 휴식을 취합니다. 이때 휴대폰을 보는 것과 같은 집중력을 소비하게 만드는 행위를 하지 않아야 합니다. 이 5분의 휴식 동안에는 말 그대로 진정한 휴식을 취해야 합니다.

　이 휴식이 끝나고 나면 다시 25분의 과업 수행을 집중적으로 진행합니다. 이러한 과정을 계속 반복하는 것이 바로 '포모도로 기법'입니다.

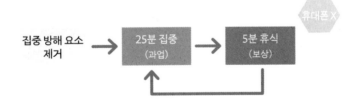

포모도로 기법을 적용하면 어떻게 공부의 난이도가 낮추어지는 걸까요? 우선 딱 25분만 집중하면 된다는 생각을 갖게 해주기 때문입니다. 또 다른 이유로는 25분의 집중 시간 후 5분간의 꿀맛 같은 휴식이라는 보상을 즐길 수 있기 때문입니다. 집중에 대한 대가가 곧바로 주어지는 방식인 셈이죠.

전문가들은 포모도로 기법이 학습 과정의 난이도를 하향시키는 데 많은 도움을 준다고 설명합니다. 이제부터는 공부를 좀 더 수월하게 해보고 싶지 않나요?

♣ 행복한 공부를 위한 나만의 체크리스트

☐ 나는 문제집의 모든 문제를 일괄적으로 다 푸는가? 또는 문제를 선택적으로 골라서 푸는가?

☐ 나는 교과서를 처음부터 끝까지 쭉 읽는가? 또는 큰 범주를 파악하면서 선택적으로 읽어나가는가?

☐ 포모도로 기법을 나의 공부에 어떻게 응용하면 좋을까?

공부는 쉽고 즐거운 일

생각해보면 우리 스스로 공부를 어렵고 괴롭다고 생각하는 경향이 있습니다. 또 우리 사회의 교육 제도가 그렇게 부추기는 걸 수도 있습니다. 아니면 우리 스스로가 우리를 공부에 옭아매는 것일 수도 있습니다. 처음부터 어려운 것을 공부할 필요가 없습니다. 자신의 수준에 맞게 차분히 공부를 진행해보세요. 공부라는 행위가 쉽고 즐거운 일이라고 생각하는 것부터가 공부를 잘하는 출발점입니다.

공부 인식을 전환하기 위해서는 학습된 무기력을 제거하고 학습의 난이도를 조절하면 됩니다. 학습된 무기력을 제거하기 위해서는 공부하면서 조그마한 성공을 느끼려 하고 공부하는 과정에서 보람을 느끼고 실제적인 계획을 설정하십시오. 학습 난이도를 조절하기 위해서는 수준에 맞는 문제를 풀고 쉬운 것부터 선택적으로 공부하고 포모도로 기법을 적용하십시오. 결국 공부 인식의 스위치가 딱 전환되는 순간 우리는 공부를 잘할 수 있습니다.

목표 달성률을 높이는 법

2007년 도미니칸대학교에서 목표에 관한 연구를 진행했습니다. 267명의 연구 대상자를 무작위로 다섯 개 그룹으로 나누어 배정한 후 각 그룹에 다음과 같은 지시 사항을 내렸습니다.

그룹1 자신의 목표에 대해 생각해놓아야 한다.

그룹2 자신의 목표를 생각한 후 그것을 어딘가에 따로 적어놓아야 한다.

그룹3 자신의 목표를 생각한 후 그것을 어딘가에 따로 적어 놓아야 한다. 그 목표를 수행하기 위해 요구되는 구체적 행동들도 적어놓아야 한다.

그룹4 자신의 목표를 생각한 후 그것을 어딘가에 따로 적어 놓아야 한다. 그 목표를 수행하기 위해 요구되는 구체적 행동들도 적어놓아야 한다. 정한 목표를 친구에게 알려야 한다.

그룹5 자신의 목표를 생각한 후 그것을 어딘가에 따로 적어 놓아야 한다. 그 목표를 수행하기 위해 요구되는 구체적 행동들도 적어놓아야 한다. 정한 목표를 친구에게 알려야 한다. 매주 목표 달성의 진행 상황을 보고해야 한다.

연구 결과는 어떠했을까요? 단지 목표를 마음속으로 정해놓기만 한 〈그룹1〉은 평균 목표 달성도가 4.28인 반면 목표를 정해놓는 것에 더해 목표를 확고히 할 수 있는 추가 활동을 한 나머지 그룹의 평균 목표 달성도는 6.44이었습니다.

이 연구 결과가 시사하는 점은 무엇일까요? 목표가 과업 성취에 큰 영향을 발휘하게 하려면 단순히 목표를 정해놓는 것만으로는 부족하다는 겁니다. 목표를 정해놓는 것에 더해서 목표를 확고히 할 수 있는 활동들이 필요하지요. 그러면 공부와 목표 달성도는 크게 향상되지 않겠습니까?

공부하는 사람에게는 목표가 반드시 필요합니다. 그런데 이 사실에 반론을 제기하는 사람도 있습니다.

"나도 당연히 목표가 있긴 해. 그런데 목표가 그렇게 중요할까? 나한테는 목표가 실제로 큰 영향을 미치지 않는 것 같은데?"

이렇게 말하는 사람은 목표를 정해놓기만 했을 뿐 그것을 마음속에 확고히 하지 않았을 가능성이 큽니다. 목표가 공부의 영역에서 실제로 큰 영향을 미치려면 목표를 정하고 그에 더해 목표를 '확고히' 해놓아야 합니다. 이러한 과정은 그저 형식적인 절차에 불과한 게 아닙니다. 아이들의 공부를 이끌어가는 특별한 원동력이 이 과정에 숨어있다는 것을 알고 있나요?

목표 정하기의 중요성

먼저, 공부를 위한 목표를 정해야만 합니다. 어디론가 열심히 나아가는 개미 떼를 본 적이 있나요? 동물 행동 연구가들은 개미 떼를 보면서 인상적인 사실을 발견했습니다. 일부 개미는 특정한 목적이 없는데도 맹목적으로 다른 개미가 남겨놓은 발자국을 따라 이동한다고 합니다. 본능적으로 쉴

틈 없이 걸어가는 거지요. 즉 자신만의 목적지 없이 그저 다른 개미들을 따라가는 것입니다. 그 개미들은 결국 기진맥진해 주저앉습니다.

이 개미들은 왜 지치는 걸까요? 자신만의 고유한 목적지 없이 그저 다른 개미가 가는 길이라는 이유만으로 걸어나갔기 때문입니다. 그런데 공부를 해나가는 우리가 그런 개미와 닮아있지는 않을까요? 많은 아이들이 자신만의 목표 없이 그저 남들이 공부하기 때문에 맹목적으로 공부하고 있습니다.

그렇게 자신만의 특별한 목적 없이 공부를 하면 얼마 못가 탈진해 주저앉아버릴 수 있습니다. 마치 목적 없이 다른 개미를 따라가는 개미처럼 말이죠. 그렇게 되지 않기 위해서 자신만의 목표를 설정해놓아야 한답니다. '남들이 공부하니까 나도 공부해야지.'가 아니라 '내가 공부해야 하는 나만의 목표가 있어.'라는 마음가짐을 이제 만들어볼까요?

결과의 목표를 정하자

공부하는 아이들에게는 기본적으로 '결과의 목표'가 필요합니다. 결과의 목표란 무언가를 이루어낸 결과와 상태를 목표로 설정하는 것을 의미합니다. 목표를 정한다고 할 때 가장 흔히 설정하는 목표가 결과의 목표인데 "나는 커서 수의사가 되겠다", "다가오는 중간고사 때는 평균 85점 이상을 받겠다"와 같은 것이 그 예입니다. 이러한 결과의 목표를 좀 더 체계적으로 형성해야 합니다. 결과의 목표에는 장기 목표, 중기 목표, 단기 목표가 있습니다.

우선 장기 목표를 설정해볼까요? 장기 목표는 인생의 목표이기도 합니다. 미래의 직업, 가정생활 등 다양한 영역에서 장기 목표를 형성해놓는 것이 좋습니다. 아직까지 장기 목표를 세우지 못했다면 이번 기회에 꼭 정해보세요. 장기 목표, 중기 목표, 단기 목표를 세워보았나요? 잠깐 멈추어 자신이 어떤 사람이 되고 싶은지 상상력을 발휘해볼까요? 여러분의 인생 목표는 무엇인가요?

장기 목표를 세웠으면 그다음으로 중기 목표를 설정해볼까요? 중기 목표는 고등학교를 졸업하는 시점 혹은 처음으로 사회에 나가는 시점에 이루고 싶은 목표라고 생각하면 됩니다. 중기 목표는 장기 목표를 고려해 설정해야 합니다. 장기 목표를 이루어나가는 과정에서 중기 시점에 요구되는 방향성이기 때문입니다. 장기 목표를 고려해 중기 목표를 세워봅시다.

마지막으로 단기 목표를 설정해볼까요? 단기 목표는 가까이 다가오는 시험 혹은 이번 학기의 최종 결과 또는 이번 방학 동안의 목표일 수 있습니다. 단기 목표는 지금 현재를 열심히 살기 위한 것입니다. 다가오는 이벤트를 위한 단기 목표를 설정해봅시다.

이와 같은 장기 목표, 중기 목표, 단기 목표가 모두 합쳐져 결과의 목표를 구성합니다.

과정의 목표를 정하자

결과의 목표를 정해놓았습니다. 이제 과정의 목표를 정해야 합니다. 과정의 목표를 정하는 것은 매우 중요합니다.

일명 '공신', 즉 공부의 신이라고 불리는 사람들의 공부 노하우를 들어보면 흥미로운 유사점을 발견할 수 있습니다. 그들은 대부분 공부하면서 과정의 목표를 활용한다는 것입니다. 그들이 과정의 목표라고 이름을 붙이지 않았을 뿐 그들이 사용하는 방식이 바로 과정의 목표와 동일합니다. 이 목표는 결과의 목표와 현재의 공부 열정을 연결시키는 매개체와 같습니다.

과정의 목표란 결과를 이루기 위한 과정 자체에 대해 목표치를 설정하는 것과 관련이 있습니다. 이 목표는 결과의 목표를 이루어나가기 위한 과정에서 어떤 수행을 해야 하는지

목표	과목	국어	수학	영어	사회
결과의 목표	단기 목표	80점	75점	90점	75점
과정의 목표	횟수 목표	5회	4회	6회	3회
	시간 목표	1주당 10시간	1주당 9시간	1주당 12시간	1주당 7시간

에 대한 것입니다.

과정의 목표를 설정할 때는 이미 수립된 결과의 목표 중 특히 단기 목표를 참고해 설정하면 좋습니다. 예를 들어, 단기 목표(결과의 목표)가 중간고사에서 국어 80점, 수학 75점, 영어 90점, 사회 75점 이상을 얻는 것이라면 이와 같은 결과를 얻기 위해서 요구되는 공부 과정이 있습니다. 이때 요구되는 공부의 양을 과정의 목표로 정하면 됩니다. 대표적인 과정의 목표로는 '횟수 목표'와 '시간 목표'가 있습니다.

일단 임박한 시험을 대비하는 공부를 할 때는 횟수 목표를 설정하는 것이 효과적입니다. 시험을 치기 전까지 과목별로 시험 범위를 몇 번 정도 반복해서 공부할 것인지를 정하면 됩니다. 이를테면 앞에서 언급한 단기 목표, 즉 과목별 목표 점수를 이루고자 할 때 과목별로 차등을 두고서 공부의 횟수를 설정해야 합니다.

'이번 중간고시 전까지 국어는 시험 범위를 다섯 번, 수학

은 네 번, 영어는 여섯 번, 사회는 세 번 공부하겠다.'

과정의 목표 없이 결과의 목표만 설정해놓으면 그 목표는 뜬구름 잡는 것에 그칠 수밖에 없습니다. 그러나 그 결과의 목표를 이루기 위해 요구되는 과정을 측정하고 그 과정 자체를 목표화한다면 이야기는 달라집니다.

결과의 목표를 이루기 위해서는 과정의 목표를 달성해야 합니다. 과정의 목표를 달성하기 위해 노력하면 자연스레 결과의 목표도 달성하게 됩니다. 시험을 치를 때는 결과의 목표뿐 아니라 횟수 목표도 반드시 설정해야 합니다. 이러한 제안이 합리적이라고 생각하나요? 경험상으로 이 방법은 아주 실용적입니다.

과정의 목표를 세우는 또 다른 방법은 시간 목표를 설정하는 것입니다. 시간 목표는 평소에 어떻게 공부해야 할지를 판단하는 데 유용합니다. 말 그대로 내가 얼마만큼의 시간을 공부에 투자해야 하는지를 고려하는 것이 시간 목표입니다. 이를테면 앞에서 언급한 단기 목표(과목별 목표 점수)를 이루고자 할 때 과목별로 차등을 두고서 공부할 시간을 설정해야 합니다.

'이번 중간고사 전까지 국어는 1주 당 10시간을, 수학은 9시간을, 영어는 12시간을, 사회는 7시간을 공부하겠다.'와 같은 것이죠.

시간 목표를 설정해놓으면 결과의 목표를 이루기 위해서 어느 정도의 시간을 각 과목에 투자해야 하는지가 명확하게 보이겠지요? 따라서 시간 목표는 점수로만 이루어진 결과의 목표에 비해 경각심을 일으킵니다.

중요한 시험을 앞두고 있을 때는 결과의 목표(장기 목표, 중기 목표, 단기 목표)와 과정의 목표(시간 목표, 횟수 목표)를 복합적으로 활용하는 것이 좋습니다. 이렇게 목표를 정해두면 공부하는 것 자체가 더 행복하고 만족스러울 수 있습니다. 다가오는 시험을 대비할 때 이러한 시도를 해볼까요?

♣ 행복한 공부를 위한 나만의 체크리스트

☐ 나는 다른 아이들을 따라서 맹목적으로 공부하는가? 아니면 자신의 목표를 갖고서 공부하는가? 나의 목표를 적어보자.

결과의 목표	과정의 목표
장기 목표:	
중기 목표:	
단기 목표:	횟수 목표:
	시간 목표:

목표를 확고히 하기

목표를 마음속에만 정해놓으면 안 됩니다. 목표를 정하는 것은 마치 마음속에 깃발을 꽂는 것과 같습니다. 여기서 깃발이 가리키는 곳은 우리가 지향하는 방향을 의미합니다. 그런데 바람이 강하게 불면 깃발의 방향이 바뀌겠지요? 마찬가지로 공부할 때 그리고 삶을 살아가는 동안 강한 바람과 같은 방해 요소를 만나면 정해놓았던 목표는 흔들립니다. 그러면 어디로 나아가야 할지 혼란스러워집니다.

이러한 문제를 해결하기 위해서는 목표를 정해놓은 후 그것을 확고히 해야 합니다. 목표를 확고히 한다는 것은 흔들

● 흔들리는 깃발과 굳건한 이정표.

리는 깃발이 아니라 굳건한 이정표를 꽂는 것과 같습니다. 그
이정표가 가리키는 곳, 즉 목표를 향해 나아가게 될 것입니
다. 강력한 바람이 불어도 이정표가 가리키는 목표점은 바뀌
지 않지요? 이정표처럼 확고히 정해진 목표를 갖고 있으면
강력한 바람과 같은 방해 요소를 만나더라도 무엇을 향해 나
아가야 할지가 헷갈리지 않습니다.

깃발처럼 흔들리는 목표는 공부의 방향성을 제시해주지
못합니다. 반면 이정표처럼 굳건한 목표는 역경에도 흔들리
지 않으며 공부의 방향성을 명확히 제공합니다. 여러분은 마
음속에 깃발 같은 목표를 꽂아놓았나요? 또는 이정표 같은
목표를 꽂아놓았나요?

그저 목표를 정하는 것에 그쳐서는 안 되며 그 목표를 마음
과 정신 속에 확고히 세워야 합니다. 목표를 정하는 데 일련의

노하우가 있듯이 목표를 확고히 하는 데도 비결이 있습니다.

먼저, 깃발과 같은 목표를 SMART한 방식으로 조정할 필요가 있습니다. 정해둔 목표는 SMART 조건을 충족해야 합니다. SMART란 Specific(구체적인), Measurable(측정 가능한), Achievable(달성 가능한), Relevant(관련성 있는), Time-based(시간제한에 근거한)의 약자입니다. 목표는 다음과 같아야 합니다.

- 목표가 구체적입니다.
- 목표를 달성했는지의 여부를 판단할 수 있습니다.
- 목표를 달성하는 것이 현실적으로 가능합니다.
- 정해진 목표는 인생의 최종 목표와 관련성이 있습니다.
- 목표 달성에 대한 시간제한이 있습니다.

이것이 바로 SMART 목표입니다. 목표를 SMART하게 바꾸면 공부를 해야 하는 목적이 정신과 마음속에 확고해지기 시작할 것입니다. 이를테면 단기 목표를 '이번에 다가오는 중간고사 잘 치기'라고 정해놓았다면 이 목표는 어떤 문제가 있을까요?

구체적이지 않습니다. 측정 가능하지도 않고요. 달성 가능한지는 모르겠습니다. 또한 인생 목표와의 관련성이 있는지 모르겠습니다. 다행히도 시간제한은 있는 것 같습니다.

그러면 앞서 정해놓은 단기 목표를 '나의 직업적인 꿈인 다큐멘터리 프로그램 PD가 되기 위해, 다가오는 4월 10일부터 13일까지 치르는 중간고사에서, 국어 1등급/수학 3등급/영어 2등급/사회문화 3등급/생활과 윤리 3등급 이상의 결과 얻기'로 바꾸어보겠습니다.

이 목표는 구체적이며, 달성했는지의 여부를 측정할 수 있고, 달성 가능한 정도로 합리적이며, 인생 목표와 관련성이 있으며, 시간제한도 있습니다.

이러한 방식으로 목표를 바꿔봅시다. 장기 목표, 중기 목표, 단기 목표를 떠올려보고 그 목표들이 SMART 조건을 충족하는지 점검해볼까요?

목표를 이야기하자

정해놓은 목표를 나 스스로에게 그리고 다른 사람에게 이야기합시다. 그런 대화가 반복되는 과정에서 목표는 더욱 확고해집니다.

먼저 어떻게 나 자신과 대화할 수 있을까요? 하루에 한 번 혼잣말로 자신의 목표를 조용히 읊는 걸로 할 수 있습니다. 아주 사소해보이는 일이지만 사소하기 때문에 습관으로 만들기가 쉽습니다. 마음속으로만 생각하기보다는 아주 작은 소리로 혼잣말하면서 자신의 목표를 다짐해보세요. 매일 잠자기 전 침대에서 "이번 중간고사 때 국어 1등급, 수학 3등급, 영어 2등급, 사회문화 3등급, 생활과 윤리 3등급을 얻을 거야"라고 조용히 외치는 겁니다. 장기 목표 또한 혼잣말로 이야기할 수 있습니다. 그렇게 할수록 목표가 마음속에 더 확고하게 세워집니다.

이제 목표를 스스로에게 이야기했다면 다른 사람에게도 이야기해봅시다. 목표를 다른 사람과 이야기하면 두 가지 측면에서 긍정적인 효과가 나타납니다. 우선, 자신의 목표를 남과 대화하는 과정에서 목표가 무의식적으로 마음속에 반복적으로 새겨집니다. 남과 이야기하면서, 자신의 목표를 입으로 뱉고, 자신의 목표를 귀로 새깁니다. 즉 목표가 입과 귀에 그리고 뇌에 담깁니다.

또한 신뢰할 수 있고 경험이 많은 사람과 목표에 대해 대화하는 과정에서 그것을 이루는 일에 대한 격려와 조언과 정보를 얻을 수 있습니다. 단순히 단기 목표 말고도 좀 더 장기적인 측면의 목표에 대해서 적극적으로 이야기해보면 좋습니다. 그 대화의 과정에서 목표로 향하는 예상치 못한 길을 발견할 수 있을지도 모릅니다.

공부는 꿈을 향해 나아가는 과정이기에 대화를 통해 꿈이 확고해지면 공부 동기도 그만큼 확고해질 것입니다.

목표를 쓰고 자주 보자

목표를 어딘가에 써놓는 것이 좋습니다. 그렇게 써놓은 목표를 자주 들여다볼 수 있어야 합니다. 목표를 써놓는 것의 효과는 일부 연구를 통해 증명되었습니다.

공부 다이어리 또는 개인 플래너의 맨 앞부분에 장기 목표나 연간 목표를 깔끔한 형식으로 기록해둘 수 있습니다. 그렇게 하면 다이어리나 플래너에 계획을 세울 때마다 앞부분에 쓰여진 목표를 볼 수 있지요. 즉 매일 목표를 본 후 계획을 세우게 되는 것입니다. 결국 오늘의 계획이란 것이 내일의 목표를 위한 것임을 매일 되새기는 효과가 나타납니다. 이 과정에서 매일의 계획을 실천해나가고자 하는 동기가 강화됩니다.

목표 기록 장소로 카카오톡과 같은 개인 소셜미디어의 상태 메시지 또는 프로필 화면을 이용할 수 있습니다. 그곳에 목표에 대한 다짐이나 꿈을 암시하는 그림 등을 올려놓을 수 있습니다. 사실 개인 소셜미디어에 올리면 많은 사람이 볼 수 있기에 조심스럽기는 합니다. 그러나 동시에 자신의 꿈을 다른 사람이 볼 수 있는 곳에 드러낸다는 것은 큰 효과를 가져옵니다. 자신의 건전한 꿈과 미래를 소셜미디어에 드러내면 많은 사람이 응원해주지 않을까요? 나도 남도 그 목표를 자주 보게 될 것입니다.

휴대폰 배경 화면에 자신의 꿈과 관련된 이미지를 저장해 놓는 것도 좋은 방법입니다. 휴대폰의 위젯 기능을 이용하면 목표 달성에 대한 시간제한을 매번 볼 수 있습니다. 다양한 'D-day' 어플을 활용해 D-day 위젯을 만들어놓으세요. 그러면 휴대폰을 켤 때마다 목표에 붙어있는 시간제한을 확인할 수 있습니다.

컴퓨터 배경 화면도 목표를 확고히 할 수 있는 좋은 장소입니다. '스티커 메모'와 같은 프로그램을 이용해 구체적인 공부 목표를 적어놓으면 컴퓨터를 켤 때마다 목표가 글과 이미지로 보입니다. 또한, 벽이나 책상에도 목표를 써놓을 수 있습니다.

목표를 자주 볼 수 있는 여러 가지 방법 중 한 가지만 활용하지 말고 가능한 많은 방법을 한꺼번에 적용해보면 어떨까요? 그러면 오늘 하루를 살아가는 와중에 내일의 목표가 눈에 밟힐 것입니다.

저는 공부 다이어리의 맨 앞부분, 휴대폰의 위젯, 컴퓨터 배경 화면에 목표를 써놓고 있습니다. 돌이켜보면 제 삶에 시련의 돌풍이 불어닥쳤을 때 목표를 확고히 하려고 한 몸부림들이 저 자신을 붙잡아주었습니다. 확고한 목표는 힘이 강하다는 것을 절실히 경험했습니다. 확고히 세워진 목표의 강력함을 경험해보시겠습니까?

♣ 행복한 공부를 위한 나만의 체크리스트

☐ 나의 목표는 깃발처럼 흔들리는 목표일까? 또는 이정표처럼 굳건한 목표일까?

☐ 내 목표는 SMART 조건을 충족하는가? 만약 이 조건에 부합하지 않는다면 목표를 어떻게 수정하면 좋을까?

☐ 나는 내 목표를 누구에게 이야기할 수 있을까?

☐ 나는 목표를 어디에 써놓을 것인가?

목표는 원동력이다

원동력이란 '어떤 움직임의 근본이 되는 힘'입니다. 목표는 공부의 원동력입니다. 즉 목표는 공부라는 움직임의 근본이 되는 힘이죠. 그 원동력의 크기가 무기력의 크기보다 커지게 하세요. 그러려면 목표를 정하고 확고히 하기 위한 활동이 필요합니다. 먼 꿈의 향기를 맡으며 가까운 목표의 성취를 맛보고자 주도적으로 공부하기 위해서는 결과의 목표와 과정의 목표를 정해놓아야 합니다. 그런 목표들을 SMART하게 바꾸고, 목표에 대해 이야기하고, 목표를 주변에 써놓고 자주 바라보면 목표는 확고해집니다.

꿈과 목표가 자신에게 진정성이 있는 것일수록 공부 동기는 강력해집니다. 〈포켓몬스터〉의 지우는 포켓몬 마스터라는 꿈을 이루기 위해 고단한 여행을 해나갑니다. 〈원피스〉의 루피는 해적왕이라는 목표를 이루기 위해 험한 바닷길을 헤쳐나갑니다. 이들의 꿈은 그들의 행동을 유발합니다. 꿈은 공부 행동을 유발합니다. 목표를 정하고 확고히 하기 위해 진지하게 고민해볼까요?

무엇을 할 때 가장 행복한가요? 게임을 할 때? 애니메이션을 볼 때? 유튜브 영상에 집중할 때? 왜 그때 즐겁다고 느끼는 걸까요? 그러한 일이 즐거움을 주는 주된 이유는 그것에 몰입하기 때문입니다. 정확히 말하자면 게임이나 애니메이션, 유튜브 영상이 우리를 행복하게 하는 것이 아니라 그것에 몰입하는 행위 자체가 행복한 것입니다.

게임에 몰입하는 것처럼 공부에도 몰입할 수 있지 않을까요? 게임에 몰입해보고서 게임의 즐거움을 알게 되었습니다. 그런데 공부에 몰입해보시도 않고서 공부는 괴로운 일이라고 여기고 있지는 않나요? 공부라는 것을 제대로 파악하려면 적어도 공부에 한번 몰입해봐야 하지 않겠어요? 그러기 전에는 공부가 게임과 달리 재미없다고 말할 수 없을 것입니다.

많은 아이들은 30분이면 끝낼 공부를 집중하지 못한 채 6시간 동안 붙잡고 헤매곤 합니다. 그러나 6시간 동안 해야 할 공부도 무아지경으로 임하면 30분 만에 끝낼 수도 있습니다. 인간의 두뇌가 갖고 있는 잠재력은 어마어마하답니다. 시험 점수의 차이는 시험 기간에 몰입해 공부했는지의 여부에 달려 있습니다. 공부에 몰입하려는 행위자, 즉 학생은 건강한 상태와 몰입해본 경험을 갖고 있어야 합니다. 공부하는 과제, 즉 공부 내용이 가치있고 당위적이고 능동적이고 흥미있는 것이라면 몰입하기가 더 쉬워집니다.

몰입의 조건

○ 건강한 상태

공부에 몰입하려면 공부에 에너지를 모으는 법을 알아야 합니다. 공부에 에너지를 모으려면 우선 건강해야 합니다. 얼마 전 저는 오른쪽 등과 허리 사이 어딘가 또는 도대체 어딘지 모를 어딘가에 큰 통증을 느끼기 시작했습니다. 공부를 하려고 의자에 앉았는데 조금만 시간이 지나면 그 부분이 욱신 욱신 아파옵니다. 이러한 통증을 겪고 있으니 공부에 집중할 수가 없었습니다. 이처럼 신체적으로 건강한 상태를 유지하지 못하면 어디에도 몰입할 수가 없습니다. 어떻게 하면 공부를 하면서 건강한 상태를 유지할 수 있을까요? 다음에 소개하는 방법을 적용해봅시다.

첫째, 학교 체육 수업 시간을 이용해 충분히 운동하십시오. 체육 수업은 시간표에 늘 고정되어있는 시간이다 보니 그때를 이용해서 최선을 다해 운동하면 좋습니다. 체육 시간에 운동하려고 마음먹으면 운동을 매주 정해진 시간에 규칙적이면서도 균형 있고 즐겁게 할 수 있습니다. 친구들과 함께 운동하기 때문이지요. 따로 운동할 시간을 내지 않아도 되고요.

공부에 몰입하는 데 도움이 되는 운동은 근력 운동보다는 유산소 운동입니다. 50분 동안 최대한 땀을 많이 빼고 심장을 최대한 많이 뛰게 해보세요. 그 시간을 최대한 효율적으로 사용해 많은 운동을 해보세요.

둘째, 의자에 앉아 공부하는 자세를 바르게 하세요. 지금 바로 허리를 곧게 펴볼까요? 의자 위에서 아빠 다리를 하고 공부하면 저처럼 허리가 아플 수 있습니다. 허리를 삐딱하게 하고서 필기하면 허리가 휘어서 갑자기 통증을 느낄 수 있습니다. 앉은 자세에서 여러 가지 허리 스트레칭을 하는 습관을 들이세요.

셋째, 비타민과 같은 영양제 및 건강식품을 섭취하세요. 비타민을 복용하는 것은 효과적입니다. 비타민을 복용하면 공부할 때 체력이 늘어난다는 것을 몸소 느낄 수 있습니다. 비타민 외에 내 몸이 필요로 하는 영양제를 선택해 섭취하면 좋습니다. 자신의 몸이나 장기 중 특히 약하다고 판단되는 곳이 있나요? 그 부분을 보완하는 데 효과가 있는 건강식품을 한 가지 더 섭취해봅시다. 평소에 위 기능이 좋지 않다면 양배추즙만 복용해도 건강 관리에 도움이 되겠지요?

마지막으로, 잠을 충분히 잘 수 있는 나만의 노하우를 만들어봅시다. 잠은 공부 몰입을 방해하는 최대의 난적입니다. 따라서 평소에 수면 관리를 잘해놓아야 합니다. 학교에 가지 않는 주말에는 충분한 수면을 취하세요. 수면은 수험 생활 중 건강을 관리하는 데 최대 효율을 발휘하는 방식입니다. 공부량을 늘리기 위해 잠을 줄이는 건 좋지 않겠지요?

◦ 몰입해본 경험

몰입해본 경험이 많을수록 몰입을 잘할 수 있습니다. 다리 근육을 계속 사용해 튼튼하게 만들어놓아야 강한 발길질을 할 수 있듯이 마음의 근육인 집중력도 계속 사용해야 집중 강도와 집중 시간이 길어집니다. 공부에 몰입하는 경험을 하면 할수록 점점 더 공부가 행복하고 즐거워질 거예요. 게임할 때 캐릭터의 경험치가 쌓이면 캐릭터가 레벨 업 하듯이 공부 몰입의 경험치가 쌓이면 공부 몰입 레벨이 업그레이드됩니다. 공부 몰입의 경험치를 쌓기 위해서 실천할 수 있는 방법에 대해 알아봅시다.

첫째, 공부 이외의 분야에서 몰입하는 경험을 쌓아봅니다. 공부 이외의 분야에서 몰입하는 일과 공부에서 몰입하는 일은 연관되어있기 때문입니다. 똑같이 몰입하는 일이죠. 독서, 그림 그리기, 퍼즐 맞추기와 같은 활동에 몰입해보면 공부에도 몰입하기가 더 쉬워진다고 합니다.

둘째, 난이도가 낮은 공부에서부터 몰입하는 경험을 쌓아봅니다. 지금 하고 있는 공부에 몰입하기가 어렵다고 느껴진다면 그 공부의 내용이 어렵기 때문입니다. 그러니 난이도를 낮추어 쉬운 내용부터 공부해보면 어떨까요? 쉬운 공부에서부터 몰입하는 경험을 쌓아보는 것입니다.

셋째, 가장 좋아하는 분야의 공부에서부터 몰입하는 경험을 쌓아봅니다. 자신이 가장 좋아하는 분야의 공부를 하면 몰입하기가 쉽겠지요?

넷째, 공부에 몰입하는 사람 옆에서 공부해봅시다. 독서실이나 카페, 도서관에 가서 공부나 독서에 몰입하는 사람을 찾아 그 근처에 앉습니다. 그리고 그 사람을 따라 자신도 공부에 몰입하려고 해보면 어떨까요? 학교에서도 적용해볼 수 있습니다. 앉을 자리를 정할 때 수업 시간에 가장 몰입하는 친구의 옆자리에 앉아보면 어떨까요?

마지막으로, 공부에 몰입하고서 얻은 좋은 결과를 기억해 둡니다. 언제 한번은 공부에 몰입하게 될 때가 올 것입니다. 그때 경험을 하면서 얻은 만족감과 행복을 기억해놓으면 다음에 공부해야 할 때 그 기억을 되살리면서 다시 몰입할 추진력을 얻을 수 있습니다.

공부에 몰입하는 것은 양치질과 같습니다. 어린아이는 양치질하는 것을 귀찮아하고 힘들어합니다. 그렇지만 계속 양치질을 하다 보면 양치질 후의 상쾌한 기분과 깨끗해진 치아가 좋아서 점차 양치질하는 게 습관이 됩니다. 처음에는 공부에 몰입하는 것이 힘들 수 있습니다. 그러나 계속 공부에 몰입하다 보면 공부가 주는 만족감과 행복과 결실을 맛보게 되고 결국 공부에 몰입하는 게 습관이 될 수 있습니다.

◦ 몰입하기 위한 공부의 속성

건강한 상태와 몰입해본 경험 외에도 공부에 몰입하려면 공부하는 내용이 몰입하기 쉬운 조건을 갖추어야 합니다. 공부하는 내용이 가치성, 당위성, 능동성, 흥미성을 갖추고 있으면 집중하기 쉬워집니다.

　가치성은 몰입할 만큼 그 내용이 가치가 있다고 판단되는 정도입니다. 당위성은 반드시 시간을 들여 그 과제를 완수해야만 한다는 의무를 느끼게 하는 정도입니다. 능동성은 수동적으로 수행하는 것이 아니라 주도적으로 과제에 참여해 수행하는 정도입니다. 흥미성은 그 과제가 재미있고 흥미진진하게 느껴지는 정도를 의미합니다. 공부하는 내용은 이 네 가지 속성을 지녀야 합니다. 그러면 그럴수록 그 내용에 몰입하기가 쉬워질 것 같지 않나요?

가치성

　몰입을 더 잘하고 싶다면 가치가 있다고 확신이 드는 내용을 공부하세요. 희망 진로와 관련 있는 과목은 더 가치 있는 공부로 느껴질 겁니다. 또는 시험에 자주 출제되거나 고난도로 출제되는 경향이 있는 부분 또한 더 가치 있게 느껴질 수 있습니다.

　반대로 가치가 적은 공부에는 불필요하게 시간을 투자하지 않는 것이 좋습니다. 예를 들어, 무의미하게 무언가 많은 정보를 암기하는 단순 암기식 공부는 피하는 게 좋습니다. 어떤 영어 단어장은 실제로 고등학교 수준에서 시험에 나오지 않는 단어들을 다루고 있습니다. 그와 같은 영어 단어장을 공부하는 것은 현실적으로 고등학생에게는 가치가 떨어집니다.

또 다른 경우로 수학 문제집을 들 수 있습니다. 굉장히 어렵고 독특한 문제로 구성되어있는 수학 문제집이 있습니다. 그러나 그 문제집에 있는 수학 문제는 학교 시험에 전혀 출제되지 않습니다. 그렇다면 그런 수학 문제집을 공부하는 대신 좀 더 일반적이고 쉬운 문제로 구성된 문제집을 공부하는 게 가치가 있겠지요?

당위성

시험은 당위성을 제공합니다. 시험을 앞두고 있을 때 그 시험을 잘 쳐야 한다는 당위가 생깁니다. 따라서 학교에서 치르는 여러 가지 크고 작은 시험에 집중해야 합니다. 수행평가 시험이든 서술형 평가 시험이든 중간고사 시험이든 학력평가 시험이든 모의고사 시험이든 각종 시험을 모두 잘 치려는 마음을 가지면 어떨까요? 그러한 시험을 대비하는 공부를 할 때 그 공부를 열심히 해야 한다는 당위가 생깁니다.

당위성이 떨어지는 공부는 경우에 따라 덜 하는 게 좋습니다. 시험 성적에 도움이 되지 않는 공부가 대표적인 사례입니다. 시험에 출제되지도 않는 문제로 구성된 문제집은 풀 필요가 없습니다. 사고력 향상에 도움이 되지 않는 참고서도 풀 필요가 없지요. 미술, 음악, 체육 과목처럼 좋은 성적을 받아야 한다는 당위성이 떨어지는 공부의 경우 그 공부량을 가능한 한 줄여도 됩니다. 대신 남는 시간을 활용해 국어, 영어, 수학과 같은 과목의 공부량을 한껏 끌어올려볼까요?

능동성

능동적인 방식의 공부 비중을 가능한 한 높여야 합니다. 스스로 계획한 공부, 스스로 해야 한다고 판단한 공부를 하세요. 능동적인 방식으로 공부 방식을 조정하기 위해서는 수동적인 공부의 비율을 가능한 낮춰야 합니다. 인터넷 강의를 듣거나 수업을 듣거나 숙제를 하는 것과 같은 공부는 수동적인 공부입니다. 그러한 수동적인 공부에서는 즐거움을 갖고 몰입하기 힘들 수 있습니다.

흥미성

흥미를 느낄 수 있는 20퍼센트의 공부에 더 많이 치중하세요. 그러면 전반적으로 공부가 더 재미있게 느껴지고 몰입하기가 더 쉬워질 것입니다. 공부가 즐거운 것이라는 인식이 생기고 공부에 몰입하는 경험을 한 이후에 점차 여러 공부를 골고루 시도하는 쪽으로 전환하면 됩니다.

공부 몰입의 과정

준비하기

공부에 집중하기 전에 먼저 준비를 해야 합니다. 방해 요소를 제거하고, 목표와 계획을 점검하고, 이미지 트레이닝을 하고, 몰입 몸 풀기를 하면 집중에 도움이 될 것입니다.

◦ 방해 요소 제거

윙윙거리며 날아다니는 파리가 우리를 거슬리게 하듯이 특정한 방해 요소들이 공부를 방해할 수 있습니다. 공부를 방해하는 요소에는 다음과 같은 상황이 있습니다.

- 잠이 옵니다. 침대에 눕고 싶은 생각이 듭니다.
- 휴대폰을 보고 싶습니다. 문자를 확인하거나 유튜브 영상을 봅니다.
- 컴퓨터 모니터가 보입니다. 게임을 하고 싶습니다.
- 배가 고픕니다. 냉장고 문을 열어 보고 싶습니다. 음식을 먹으면서 공부하려 하지만 정신은 음식에 있습니다.
- 친구가 옆에서 말을 겁니다.

　몰입을 어렵게 하는 요소들을 제거하려면 본인의 의지에 맡기기보다 환경을 바꾸어야 합니다.

- **잠, 침대** : 커피를 한 잔 마신 후 공부합니다. 잠자는 곳과 공부하는 곳을 공간적으로 분리합니다.
- **휴대폰, 문자, 유튜브** : 휴대폰 전원을 끕니다. 휴대폰을 보이지 않는 곳에 둡니다.
- **컴퓨터, 게임** : 카페, 도서관, 독서실 등 공부하는 장소를 옮깁니다.
- **배고픔, 냉장고, 음식** : 생체 리듬을 조정합니다. 늘 정해진 시간에 음식을 먹습니다. 집 밖에서 공부합니다.

- **친구** : 귀마개를 합니다. 그렇게 해서 공부하고 있다는 것을 행동으로 명확히 보여줍니다.

◦ 목표와 계획 점검

공부에 몰입하기 전 다이어리에 적힌 목표와 계획을 점검해볼까요? 다이어리를 보면서 다음과 같은 질문을 해봅시다.

- 나의 단기적인 목표는 무엇이지? 지금 하는 공부가 그 목표 달성에 어떤 영향을 미치지?
- 나의 오늘 계획은 무엇이지? 지금 하는 공부를 몰입해서 수행하면 오늘 계획 달성에 어떤 영향을 미치지?
- 오늘 이 공부에 몰입하지 못하면 나의 시험 계획이나 단기 목표 달성에 어떤 영향을 받지?
- 오늘의 계획을 모두 달성하려면 이 공부를 몇 시까지 완수해야 하지?

이와 같은 질문들을 하면서 지금 이 공부에 몰입하는 것이 목표나 계획 달성과 밀접히 연결되어있다는 점을 스스로 주지시켜주세요. 공부 다이어리를 점검하면서 목표와 계획을 되새기는 겁니다. 지금 수행하는 작업의 가치와 의미를 기억한 채로 몰입을 시작하려는 겁니다.

○ 이미지 트레이닝

이미지 트레이닝이란 머릿속에서 이미지를 떠올리면서 무언가를 연습하는 것을 의미합니다. 이는 프로 스포츠 선수들이 자주 이용하는 방법입니다. 공부 몰입을 위해 일종의 이미지 트레이닝 기법을 간단히 차용하려 합니다. 다음의 질문을 스스로에게 던져보고 머릿속으로 추론하고 상상해봅시다. 가능한 한 입체적으로 상황을 떠올려보는 것이 중요합니다.

· 저번에 공부에 몰입하면서 기분이 어땠더라? 얼마나 흥미진진했지?
· 저번에 공부에 몰입한 결과 어떤 효과를 거두었지? 어느 정도로 뿌듯하고 공부가 효율적이었지?
· 이 공부에 몰입하는 과정에서 어떤 기분을 맛보게 될까?
· 지금 이 공부에 몰입하고 나면 결과가 어떨까?
· 지금 공부에 몰입해서 결국 목표를 이루었을 때의 모습을 상상해볼까?

지금 수행하는 공부의 가치, 과거에 몰입해본 경험의 즐거움과 결과, 목표 달성 시의 상황 등을 상상해봅시다. 이런 질문을 기계적으로 던지고 기계적으로 답하는 것이 아닙니다. 자신의 마음을 벅차오르게 할 수 있고 의지를 불태우는 데 도움이 되는 질문을 선택적으로 던져볼까요? 그에 대한 이미지를 상상하는 것입니다.

공부 방식 조정하기

심리학자 칙센트 미하이는 몰입이란 상태를 다음과 같은 그래프로 설명했습니다.

이 그래프에 따르면 몰입 여부에 영향을 주는 변수 두 가지는 수행하는 과제의 난이도와 그것을 수행하는 우리의 실력의 정도입니다. 과제의 난이도가 높고 실력이 높을 때(〈다〉

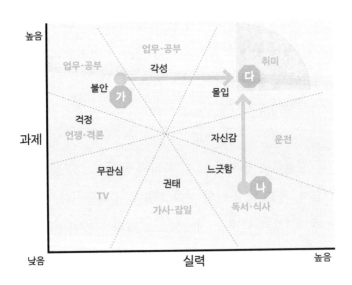

지점) 우리는 몰입을 잘할 수 있습니다.

몰입에 빠지기 어려운 상황에는 크게 두 가지가 있습니다. 첫 번째 상황은 공부 과제의 난이도는 높으나 실력이 낮은 경우(〈가〉 지점)입니다. 이때는 공부를 하면서 불안이나 걱정을 느끼기 쉽습니다.

두 번째 상황은 공부 과제의 난이도는 낮고 그 과제에 대한 실력이 높은 경우(〈나〉 지점)입니다. 이때는 공부를 하면서 느긋함이나 권태를 느끼기 쉽습니다. 여기서는 각각의 경우에서 공부 방식을 조정하는 비결을 고민해볼까요?

◦ 공부 과제의 난이도는 높으나 실력이 낮은 경우

공부 과제의 난이도는 높으나 실력이 낮은 상태에서 공부하면 다음과 같은 증상이 나타납니다.

- 공부하면서 자꾸만 불안하거나 걱정이 됩니다.
- 지금 하는 과제의 내용이 너무 벅차게 느껴집니다.
- 공부 진도를 한 장씩 나가는 것조차 지칩니다.
- 그냥 이 부분은 포기해버릴까 하는 생각이 듭니다.
- 이 어려운 공부가 어디에 쓸모가 있는지 궁금합니다.

이런 상태에 있을 때 공부에 몰입하기 위해서는 실력을 높이는 방향으로 공부 방식을 조정해야 합니다. 지금 실력이 부족해서 불안하고 공부가 벅찬 건데 이렇게 실력을 높여서 문제를 해결할 수 있을까요? 단기적으로 실력을 높일 수는 없지만 마치 실력이 높아지는 것과 동일한 효과를 내는 해결책이 있습니다. 이미 높은 실력을 가진 사람의 도움을 적극적으로 받아도 되고, 과제의 난이도를 살짝 낮추어도 되고, 실력을 향상하는 것과 유사한 효과를 발휘하는 생체적 열정 향상을 이끌어도 됩니다. 다음의 구체적 제안 중에서 나에게 맞는 방법을 찾아봅시다.

높은 실력을 가진 사람의 도움을 받는 방법

- 너무 어려워서 막히는 부분에 대해서는 선생님이나 실력이 좋은 친구에게 좀 더 적극적으로 질문합니다.
- 인터넷 검색을 이용해 보완하는 정보를 얻어가면서 공부합니다.
- 장기적으로 봤을 때는 너무 어려운 과목은 과외나 인터넷 강의와 같은 사교육을 활용합니다.

과제의 난이도를 낮추는 방법

- 더 쉽게 서술된 참고서로 공부합니다.
- 공부 범위에 대한 요약본을 구할 수 있다면 요약본으로

먼저 공부해봅니다.
- 핵심만 간단히 공부하며 진도를 뺍니다.
- 수박 겉핥기식으로 큰 범주를 파악하면서 큰 틀에 대해 공부합니다.
- 너무 어려운 내용은 공부하지 않고 일단 넘어갑니다.
- 난이도가 낮은 문제만 골라서 풉니다.

실력 대신에 생체적 열정을 향상하는 방법
- 커피와 같은 카페인을 복용합니다.
- 열심히 공부하는 사람들 옆에서 공부합니다.

◦ 공부 과제의 난이도는 낮으나 실력이 높은 경우

공부 과제의 난이도는 낮으나 실력이 높은 상태에서 공부를 하면 다음과 같은 증상이 나타납니다.

- 공부하면서 너무 느긋해지거나 권태를 느낍니다.
- 지금 하는 과제의 내용이 너무 쉬워 자신만만합니다.
- 너무 쉽다 보니 지루하거나 재미가 없고 따분합니다.
- 왜 이렇게 의미 없는 공부를 반복해야 하는 것인지 의문이 듭니다.
- 이 공부를 굳이 할 필요가 있는지 궁금합니다.

이런 상태에 있을 때 공부에 몰입하기 위해서는 과제의 난이도를 높이는 방향으로 공부 방식을 조정해야 합니다. 공부해야 할 과제가 이미 정해져 있는데 어떻게 과제의 난이도를 높일 수 있을까요? 공부하는 사람이 과제의 난이도를 높이는 능동적인 방법이 있습니다. 또한 느긋함이나 권태를 일깨울 수도 있습니다. 다음의 구체적 제안 중에서 나에게 맞는 방법을 찾아봅시다.

과제의 난이도를 높이는 방법

- 심화 문제를 대비하기 위해 더 어려운 참고서, 문제집 등으로 공부합니다.
- 아주 꼼꼼하고 세부적이고 빈틈없이 공부하려는 목표로 공부를 진행합니다. 이때 지엽적 정보들도 살펴봅니다.
- 완벽을 지향하는 공부를 합니다. 즉 100점을 목표로 두고 공부합니다.
- 난이도가 높은 문제만 골라서 풉니다.
- 시간제한을 촉박하게 설정한 후 제한된 시간 내에 해당 공부를 마치도록 합니다.
- 공부 내용을 읽으면서 '왜?', '어떻게?'와 같은 질문을 스스로에게 던지고 정보 간의 연결 관계 등을 파악해봅니다.

- 선생님이나 실력이 좋은 친구에게 물어보지 않고 스스로 답을 찾아봅니다.

느긋함이나 권태를 일깨우는 방법

- 지금 수행하는 공부 과제 내용이 자신에게만 쉬운 게 아니라 모든 친구에게 쉬울 것이라는 사실을 주지시킵니다. 그래서 자신이 이 과제를 쉽게 느낀다고 해서 친구들보다 실력에 있어 더 우위에 있는 것은 아니라는 점을 상기시킵니다.
- 소리 내어 말을 하면서 공부합니다.
- 다양하고 독창적인 공부법을 시도해봅니다. 전에 시도해보지 않은 방식으로 그 과제의 내용을 다루어봅니다.

사이클 유지하기

칙센트 미하이에 따르면 과업 수행자가 한결같이 '몰입', 즉 〈다〉 상태를 온전히 유지하기란 거의 불가능하다고 말합니다.

상황을 상상해볼까요? 지금 몰입해 공부하고 있습니다. 이 공부로 인해 실력은 계속 높아집니다. 어떻게 보면 과제의 난이도는 점점 낮아지고 있는 것이기도 합니다. 실력은 더

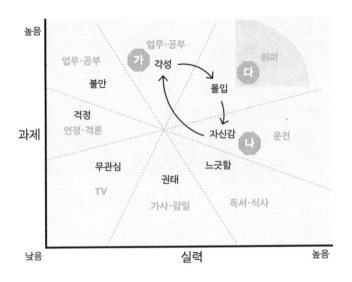

높아지고 사실상 과제 난이도는 낮아졌으니 '몰입', 즉 〈다〉
상태에서 '자신감', 즉 〈나〉 상태로 위치가 조정될 것입니다.

중요한 것은 몰입을 잘하는 사람은 바로 이때 과제의 난이
도를 높인다는 것입니다. 이에 따라 '각성', 즉 〈가〉 상태로 이
동한다는 것이지요. 그러다가 실력이 높아지면서 '몰입', 즉
〈다〉 상태로 다시 이동한다고 합니다. 결국 몰입을 잘하는 사
람은 '몰입(〈다〉)→자신감(〈나〉)→각성(〈가〉)→몰입(〈다〉)'이라
는 사이클을 반복해서 경험하겠지요?

혹시 게임에 몰입하기가 쉬운 이유를 아시나요? 게임 유
저가 이 몰입 사이클을 유지하도록 고안되었기 때문입니다.

게임 실력이 올라가면 게임 스테이지가 올라가거나 몬스터 레벨이 올라가면서 과제의 난이도도 덩달아 높아집니다. 결국 그 과제 난이도에 맞추어서 게임 유저의 조작 실력을 높이든지 캐릭터의 레벨을 올리든지 해야 합니다. 실력이 올라가면서 과제 난이도도 올라가지요. 게임은 이 몰입 사이클을 유지하게 하는 경향이 있다는 것입니다. 이런 이유로 게임에 몰입하기가 쉬워집니다.

공부할 때도 게임할 때처럼 몰입 사이클을 타면 됩니다. 이 사이클에서 벗어나지 않고서 계속 순환의 과정을 이어가는 것이 공부 몰입을 잘하는 비결이라 할 수 있습니다. 즉 '몰입→자신감→각성→몰입'으로 이어지는 사이클을 유지해야 합니다.

공부할 때 기술적으로 몰입 사이클에서 벗어나지 않으려고 해야 합니다. 사실 공부를 잘하는 아이들은 의도하지 않아도 무의식적으로 공부할 때 이 몰입 사이클을 유지하는 것 같습니다.

어떻게 학습하면서 몰입 사이클을 유지할 수 있을까요? 지금 공부하는 내용에 대해 〈다〉 상태에 도달할 시점을 잘 감지해야 합니다. 그 시점에 새로운 과제로 교체하거나 기존 과제의 난이도를 높이는 공부를 해야 합니다.

• 수학 3단원의 기본 단계 문제를 웬만하면 맞출 수 있는 상태가 되었는가? 이제는 수학 3단원 기본 단계 문제를 또 반복하기보다는 수학 4단원의 기본 단계 문제를 공부합니다.

• 고등학교 1학년 9월 모의고사의 국어 문제를 풀었더니 1등급이 나왔는가? 이제는 또 다른 9월 모의고사 문제를 반복해 풀기보다는 난이도가 더 높은 11월 모의고사 문제를 푸는 것으로 넘어갑니다.

• 영어 4단원의 지문을 대부분 해석할 수 있게 되었는가요? 영어 4단원의 지문을 계속 붙잡고 있지 말고 영어 5단원의 지문 해석을 공부하기 시작합니다.

◦ 기존 과제의 난이도를 높이기

• 수학 3단원의 기본 단계 문제를 웬만하면 맞출 수 있는 상태가 되었는가요? 이제는 수학 3단원의 기본 단계 문제들을 나만의 방식으로 세심하게 분석하고 꼬아서 생각해 봅니다. 또는 수학 3단원의 심화 단계 문제를 공부합니다.

자기 주도적으로 능숙하게 공부를 잘 이끌어가는 아이들은 놀랍게도 이 두 가지 방법을 스스로 잘 운용합니다. 언제 새로운 공부로 교체해야 하는지, 언제 공부 난이도를 높여야 하는지 잘 알고 있을 뿐 아니라 어떻게 새로운 공부로 교체하는지, 어떻게 공부 난이도를 높이는지도 알고 있습니다.◆

학원이나 기타 사교육에 의존해 타인 주도적으로 공부를 하면 그 과정을 스스로 적절히 밟는 능력을 잃어버리게 됩니다. 자신이야말로 자신의 실력과 과제 난이도의 적절성을 잘 판단할 수 있습니다. 그러므로 자기 주도적으로 공부하고 스스로의 실력을 잘 파악하면서 몰입 사이클을 밟아야 합니다. 공부 몰입이라는 엑셀을 쭈욱 밟고서 신나게 달려볼까요?

♣ 행복한 공부를 위한 나만의 체크리스트

□ 나는 준비하기 과정의 제안 중 무엇을 실천해볼 것인가?

□ 공부 방식 조정하기 과정에 근거했을 때 나는 불안 상황과 느긋한 상황일 때 각각 어떤 조처를 취할 것인가?

□ 나는 몰입 사이클 유지하기 과정에 담긴 이치를 지금 얼마나 체득하고 있는가?

◆ 이런 몰입 사이클을 잘 운용하는 아이와 그렇지 않은 아이의 차이는 시험 기간에 두드러지는 것 같습니다. 몰입 사이클을 잘 운용하는 아이는 적절한 시점에 새로운 공부 범위로 넘어갑니다. 그렇게 빨리빨리 전체 시험 범위를 한 번 다 공부한 후 다시 전체 범위를 반복합니다. 반면 몰입 사이클을 잘 운용하지 못하는 아이는 계속 같은 공부 내용을 붙잡고 있습니다. 결국 그런 아이는 따분한 공부를 계속 진행하는 것에 싫증을 느끼게 되고 지쳐버릴 것입니다.

공부 몰입에 흠뻑

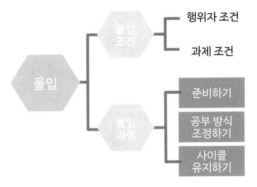

몰입이란 우리가 가진 두뇌 잠재력을 한껏 발휘해내는 행위입니다. 돋보기로 햇빛을 한 초점에 모으면 한곳에 집중된 햇빛은 나뭇잎을 태워버릴 수 있습니다. 온 정신이 하나의 책에 모이면 공부하고 있는 내용을 몰입으로 불태워버릴 수 있습니다. 모든 정신적인 창조의 비밀은 몰입에 있습니다. 공부에 몰입함으로써 위대한 학자나 예술가가 해내는 정신적 창조를 위한 준비 훈련을 해볼까요?

공부에 몰입하기 위한 조건을 충족한 상태에서 공부에 몰입하기 위한 과정을 거친다면 그 일은 더 쉬워질 수 있습니다. 공부에 몰입하기 위한 조건으로는 우선 공부를 수행하는 사람이 갖추어야 할 상태가 있습니다. 이를 '행위자 조건'이라고 합니다. 그리고 과제, 즉 수행되는 공부 내용이 갖추어야 할 상태가 있습니다. 이를 '과제 조건'이라고 합니다. 이러한 조건을 갖추었다면 지금부터는 공부에 몰입하기 위한 과정을 거침으로써 더 능숙하게 몰입할 수 있습니다.

　우선, 공부에 몰입하기 위한 준비를 해야 합니다. 이른바 '준비하기' 단계입니다. 그다음에는 상황에 따라 공부 방식을 조정함으로써 몰입 상태에 더 가까워질 수 있습니다. 이것이 '공부 방식 조정하기' 단계입니다. 마지막으로 그렇게 형성한 몰입 상태를 유지하기 위해 '사이클 유지하기' 단계를 수행합니다. 공부 몰입에 흠뻑 빠져볼까요?

Chapter 2

효율적 공부를
위한
다섯 가지 기밀

공부라는 코스 요리

학습을 근본적으로 어렵게 하는 요소에는 무엇이 있을까요? 대표적으로 '망각 현상'이 있습니다. 망각은 학습된 정보를 상실하는 것을 의미합니다. 효율적인 학습이란 머리에 입력된 정보를 망각으로부터 지켜내려는 시도입니다. 여기서는 학습의 적인 망각을 대처하는 방법에 대해 알아보겠습니다.

학습된 정보가 망각되는 것을 막기 위한 인지 전략이 있습니다. 공부를 '코스 요리'처럼 대하면 망각 현상에 대처할 수 있습니다. 이게 무슨 말일까요? 근사한 레스토랑에서 코스 요리를 주문하면 처음에는 가벼운 애피타이저 요리가 나오고 그다음 든든한 메인 디쉬가 나오고 마지막에는 달콤한 디저트가 나오지요. 배를 든든하게 채운 후 먹은 것을 소화하면서 레스토랑 밖으로 만족스럽게 나왔을 것입니다. 학습을 이러한 코스 요리의 과정으로 여긴다면 망각에 대응하는 효율적인 공부가 가능해집니다.

우선 예습은 애피타이저 요리와 같습니다. 예습은 학습의 시작이며 가볍고 흥미롭게 즐기는 과정이 되어야 합니다. 그리고 수업을 듣는 것은 메인 디쉬와 같습니다. 그 진중한 시간에 지적 양식을 진지하게 섭취하면 됩니다. 마지막으로 복습은 소화 과정과 같습니다. 복습이란 디저트처럼 부수적인 과정이 아닙니다. 덜 중요한 과정이 아니라는 말이지요. 복습은 소화 과정처럼 필수적인 과정입니다. 학습의 마무리이자 화룡정점이지요. 음식을 먹은 후 소화 과정을 거치지 못하면 아무 영양가가 없듯이 스스로 복습 과정을 해내지 못하면 전체 공부는 아무 영양가가 없답니다.

지금부터 애피타이저로서의 예습, 메인 디쉬로서의 수업, 소화 과정으로서의 복습을 즐기는 방법에 대해 알아볼 것입니다. 공부라는 코스 요리를 맛보는 과정을 통해 효율적인 공부의 왕도를 위한 첫걸음을 떼어볼까요?

애피타이저로서의 예습

예습이란 애피타이저와 같습니다. 예습의 중요도는 별 한 개(★)입니다. 예습을 진중한 과정으로 여겨서 아예 시도도 못하는 것보다는 가볍게 여겨서 쉽게 해내는 것이 낫습니다. 예습은 애피타이저처럼 부담 없는 준비 과정입니다.

	중요도	언제	어떻게	목표
예습	★	아침 자습 3분 또는 쉬는 시간 3분	• 그림, 차트, 그래프, 도표 • 제목, 소제목, 주요 개념, 굵은 글씨	• 흥미 유발 • 큰 틀 파악

수업을 코앞에 두고서 하는 예습이 가장 효과적입니다. 아침 자습 시간에는 그날 수업할 예정인 전체 주요 과목을, 쉬는 시간에는 다음 수업 시간 과목을 예습하면 좋습니다.

예습 시간은 3분이면 충분합니다. 오늘의 학교 시간표는 1교시 국어, 2교시 수학, 3교시 가정, 4교시 체육, 5교시 미술, 6교시 영어, 7교시 한자입니다. 아침 자습 시간에는 체육과 미술 같은 과목을 예습할 필요는 없습니다. 예습량을 줄이고 싶다면 가정과 한자 과목도 예습하지 않아도 됩니다. 아침 자습 시간에 반드시 예습해야 할 과목은 국어, 수학, 영어입니다. 각 과목을 3분씩 예습한다면 총 9분밖에 안 걸립니다.

쉬는 시간에는 다음 교시의 과목을 3분 정도 예습해주면 좋습니다. 수업을 알리는 종이 친 후 교과 선생님이 교실로 들어오는 데 3분 정도 걸립니다. 그동안 수업 시간에 다룰 내용을 예습하는 것이 좋습니다.

그러면 예습은 어떻게 해야 할까요? 수업 시간에 다룰 교재에서 먼저 그림, 차트, 그래프, 도표를 훑고 그다음으로 단원 제목, 소제목, 주요 개념, 굵은 글씨를 중심으로 훑어보면 됩니다. 교과서에 실린 시각 자료는 학습자의 흥미를 유발하거나 본문에 대한 이해를 돕기 위해 삽입된 것입니다. 그런 부분을 보면서 다음 수업에 대한 흥미를 얻을 수 있습니다. 그리고 단원 제목, 소제목, 주요 개념, 굵은 글씨 위주로 살펴보면 교과서의 서술 흐름을 파악할 수 있습니다. 내용이 전반적으로 어떻게 구성되어있는지를 알 수 있습니다.

예습할 때는 교과서의 세부적인 줄글들을 하나하나 다 읽지 않아도 됩니다. 중요한 대목만 훑어보면 됩니다. 이렇게 예습하면 흥미를 유발하고 교과서 내용의 큰 틀을 파악할 수 있겠지요?

연습해보기

예습이라는 애피타이저를 섭취하는 법을 실제로 연습해보겠습니다. 6교시에 있는 사회 수업 시간에는 '자연에 대한 인간의 다양한 관점'이라는 내용으로 수업할 것입니다.

아침 자습 시간 중 3분만 투자해서 교과서 내용을 훑어봅시다. 또 6교시 시작 종이 친 후 사회 선생님이 교실에 들어오기 전 3분 동안 다시 훑어보면 더 좋습니다.

먼저, 교과서에 실린 만화를 보고 그다음, 이론가들의 캐리커쳐 그림을 본 후 마지막으로, 그 외 삽화를 봅니다. 이 과정은 곧 있을 수업에 대한 흥미를 느끼기 위해서입니다.

그러고 나서 교과서 내용의 큰 틀을 파악해봅시다. '자연에 대한 인간의 다양한 관점'이라는 전체 주제와 '인간 중심주의', '생태 중심주의'라는 소제목 그리고 '도구적 · 수단적 가치', '본래적 가치'라는 굵은 글씨를 차례대로 봅니다. '아리스토텔레스', '레오폴드'라는 주요 개념어는 소제목과 각각 어떤 관계가 있는지 생각해봅니다. '동서양의 자연관 비교'라는 부분도 체크합니다. 이러한 중요한 부분 위주로 살펴보면 수업 시간에 배울 내용의 큰 틀이 손에 잡힙니다. 이런 방법을 통해 예습이라는 애피타이저를 가볍게 섭취하고 싶은 생각이 들지 않나요?

주제 학습

자연을 바라보는 인간의 관점에는 자연을 인간을 위한 도구로 보는 **인간 중심주의**와 인간을 자연의 일부라고 생각하는 **생태 중심주의**가 있다.

1 인간 중심주의

인간 중심주의는 자연이 인간에게 도움과 혜택을 줄 때에만 가치를 지닌다고 보는 관점이다. 이 관점에서는 자연의 다양성과 조화의 유지가 인간의 생존과 풍요로운 삶을 위해서 필요한 것이며, 자연의 가치는 인간의 생존보다 우위에 설 수 없다고 본다. 자연 그 자체가 가지고 있는 본래적 가치를 인정하지 않고, 자연의 **도구적·수단적 가치**만을 인정하기 때문에 인간이 자연을 정복하는 것을 당연시한다. 인간 중심주의 관점에서도 환경 문제를 심각하게 생각하지만, 이는 기술 개발로 해결할 수 있다고 본다.

1-1 인간 중심주의 관점으로 인한 폐해에는 어떤 것들이 있는가?

1-2 아리스토텔레스의 주장에 대해 어떻게 생각하는가?

> **인간 중심주의 입장인 '아리스토텔레스(Aristoteles)'**
> 식물은 동물의 생존을 위해서, 동물은 인간의 생존을 위해서 존재한다. ……(중략)…… 자연은 일정한 목적이나 의도를 위한 것이라는 우리의 믿음이 타당하다면, 그것은 다름 아닌 인간을 위한 것임에 틀림 없다.
> – 아리스토텔레스, 「정치학」 –

2 생태 중심주의

생태 중심주의는 기술 개발이나 인간의 생활 태도를 개선하는 것만으로는 환경 문제를 해결할 수 없다고 보며, 자연 그 자체가 가지고 있는 **본래적 가치**를 존중해야 한다고 보는 관점이다. 이 관점에서는 인간을 생태계의 구성원인 동시에 자연 안의 모든 생명과 평등한 존재로 인식한다. 따라서 인간은 생태계의 안정을 추구할 의무가 있고, 자연을 인간의 필요와 유용성에 따라 이용해서는 안 된다. 즉 생태 중심주의에서는 인간과 자연의 공존을 강조하고, 인간은 자연과 함께 조화를 이루며 살아야 하는 존재로 본다.

2-1 생태 중심주의에서 윤리적 고려 대상의 범위는 어디까지인가?

2-2 생태 중심주의 관점은 환경 문제 해결에 어떤 시사점을 제공하는가?

연계 활동 찾아보기
○ 교과서 64쪽 융합 활동

≪ **모피 사용을 반대하는 동물 보호 단체** 생태 중심주의 관점에서 모피를 얻으려고 동물을 죽이는 인간의 행위를 비판한다.

> **생태 중심주의 입장인 '레오폴드(Leopold, A.)'**
> 바람직한 대지 이용을 오직 경제적 문제로만 생각하지 마라. 윤리적·심미적으로 무엇이 도덕적으로 옳은지의 관점에서도 검토하라. 생명 공동체의 통합성과 안정성, 그리고 아름다움의 보전에 이바지한다면 그것은 옳다. 그렇지 않다면 그것은 그르다.
> – 레오폴드, 「모래군(郡)의 열두 달」 –

03. 자연에 대한 인간의 다양한 관점은? ● 051

주제 활동 ❶　동서양의 자연관 비교

인간과 자연의 관계에 대한 동서양의 관점을 이해하고 탐구해 본다.

자료 ❶ 동양의 자연관

동양의 사유 체계에 나타난 자연은 가장 이상적인 존재인 동시에 인간이 닮아 가야 할 최종 목표이다. 따라서 자연과 인간의 관계는 서로 맞서는 대립 관계가 아니라 오히려 인간이 자연을 닮아 감으로써 언제나 하나를 지향하는 일체 관계로 파악된다. 웅장한 산과 냇물을 먼저 그리고, 한구석에 사람들을 그려 넣는 동양 산수화의 구도가 이런 생각을 잘 보여준다. 서양처럼 상대적으로 우위에 있는 인간이 불완전한 자연을 완전하게 만드는 것이 아니라 자연법칙을 깨닫고 받아들임으로써 인간의 한계인 불완전성을 극복할 수 있다고 보는 것이다.

▲ 정선의 「인왕제색도」

– 김교빈 외, 「동양 철학은 물질문명의 대안인가」 –

+ 정선의 「인왕제색도」
한여름에 소나기가 지나간 뒤, 비에 젖은 인왕산 바위의 인상을 그린 조선 시대 후기의 산수화이다.

자료 ❷ 서양의 자연관

자연과 인간의 관계에 대한 서양적 사고의 원형을 잘 보여주는 것은 구약 성서의 첫머리에서 천지 창조의 과정을 서술한 부분이다. 「창세기」에 따르면 신은 인간뿐 아니라 모든 만물을 창조하였다. 그런데 그 과정에서 다른 피조물들과는 달리 인간만은 '신의 형상'대로 창조하였고, 이에 인간은 신의 영광을 반영할 수 있는 유일한 존재가 되었다. 인간이나 자연은 똑같이 신이 창조하였지만, 자연은 인간을 위해 창조된 존재에 지나지 않게 되었다. 따라서 세계 밖에는 그 세계를 창조하고 주재하는 신이 존재하며, 세계 안에 담긴 자연은 인간이 철저히 이용할 대상이거나 인간이 극복해야 할 대상으로 그려져 있다. 그렇기 때문에 자연 자체로는 완전하지 못하고, 그 부족한 부분을 채워서 완전하게 만드는 역할이 인간에게 맡겨진 것이다. 이런 점으로 볼 때, 서양에서 말하는 자연은 완전한 존재가 아니다.

– 김교빈 외, 「동양 철학은 물질문명의 대안인가」 –

---

1 자료 ❶ 과 자료 ❷ 에 나타난 동서양의 자연관을 비교해 보고, 각각의 자연관이 지닌 문제점을 서술해 보자.

구분	자연관	자연관의 문제점
동양		
서양		

메인 디쉬로서의 수업

수업은 메인 디쉬입니다. 예습보다 더 중요한 수업의 중요도는 별 두 개(★★)입니다. 수업 시간에는 진중하고 성의 있게 공부해야 합니다. 그러므로 밤새워 예습하느라 수업 시간에 조는 일은 없어야 하겠지요? 수업 내용이 시시하다고 느

	중요도	언제	어떻게	목표
수업	★★	수업 전체	• 교사와 상호 작용 • 큰 틀과 연결 • 세부 내용 축적	學(학)

낄 만큼 예습을 너무 열심히 해도 안 됩니다.

황금률은 무엇이든지 상대방이 나에게 해주기를 바라는 대로 상대방을 대해주어야 한다는 원칙입니다. 선생님은 수업 시간에 아이들에게 원하는 것이 있습니다. 귀는 쫑긋 세우고, 눈은 반짝 빛나고, 필기하면서 '네~'라고 대답해주는 태도입니다. 선생님과의 상호 작용에 황금률 원칙을 적용해 봅시다.

선생님과 상호 작용이 되었다면 지엽적인 수업 내용을 큰 틀과 연결 지어 이해하려고 노력해야 합니다. 세부적이거나 구체적인 내용을 그대로 받아들이려 하기보다는 그 내용이 어떤 큰 범주에 속하는 내용인지를 알아내는 겁니다.

마지막으로 세부적이고 구체적인 내용들을 가능한 많이 책에 메모해야 합니다. 수업 시간에 듣는 즉시 이해가 되지 않는 내용일지라도 일단 책에 빠짐없이 그 내용을 적어놓으면 수업이라는 메인 디쉬를 깔끔하게 섭취할 수 있습니다.

예습을 2시간 동안 하는 것보다 1시간 동안 수업을 진지하게 듣는 것이 더 중요합니다. 선생님과 상호 작용하면서 수업에 임한다면 선생님의 호의를 얻을 수 있고 스스로 수업에 임하는 즐거움도 더해지겠지요?

지엽적인 내용을 큰 틀에서 이해하려고 하면서 수업을 들어야 합니다. 이를테면, 레오폴드와 네스라는 학자가 주장한 바를 필기할 때 구체적이고 지엽적인 필기 내용 자체도 중요하지만 그 내용이 어떤 범주에 속하는지 살펴보아야 합니다. 인간 중심주의와 관련된 내용인지, 생태 중심주의와 관련된 내용인지 파악해야 합니다. 생태 중심주의에 속하는 이론가로 레오폴드와 네스가 있다는 사실을 먼저 이해한 상태에서 그들의 주장을 구체적으로 살펴봅니다. 베이컨, 데카르트, 칸트의 이론에 대해 필기할 때는 먼저 동서양의 자연관 비교 상황에서 서양의 자연관에 관한 내용임을 파악한 후 필기해야 합니다.

수업 시간에 강의하는 내용을 최대한 많이 책에 필기해 놓습니다. 그 많은 수업 내용을 머릿속에 다 담지는 못하겠지만 필기를 통해 책에는 다 담아놓을 수 있습니다. 예를 들어, 불교의 관점이 '모든 존재가 원인과 조건으로 연결되어

서로 영향을 주고 받는다는 연기론을 주장하면서 만물의 상호 의존성을 강조'한다는 내용으로 수업했을 때 이러한 지엽적인 내용은 듣는 즉시 머릿속에 온전히 담아내기는 힘듭니다. 그래서 이 정보를 일단 책에 기록해놓습니다. 그것만으로 충분합니다. 수업 시간에 세부적인 내용 모두를 머릿속에 담으려 하기보다는 책 속에 담아놓으려는 자세를 익혀놓습니다. 이것만으로도 수업이라는 메인 디쉬를 진중하게 섭취한 것입니다.

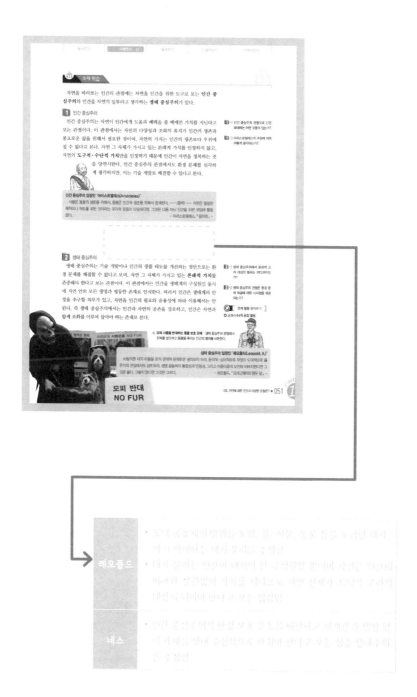

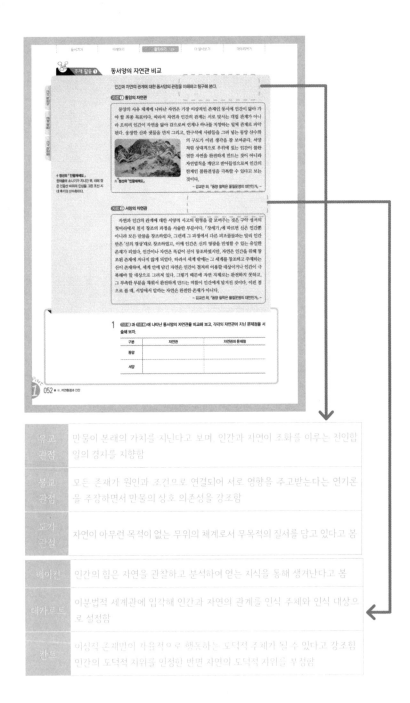

유교 관점	만물이 본래의 가치를 지닌다고 보며, 인간과 자연이 조화를 이루는 천인합일의 경지를 지향함
불교 관점	모든 존재가 원인과 조건으로 연결되어 서로 영향을 주고받는다는 연기론을 주장하면서 만물의 상호 의존성을 강조함
도가 관점	자연이 아무런 목적이 없는 무위의 체계로서 무목적의 질서를 담고 있다고 봄
베이컨	인간의 힘은 자연을 관찰하고 분석하여 얻는 지식을 통해 생겨난다고 봄
데카르트	이분법적 세계관에 입각해 인간과 자연의 관계를 인식 주체와 인식 대상으로 설정함
칸트	이성적 존재만이 자율적으로 행동하는 도덕적 주체가 될 수 있다고 강조함 / 인간의 도덕적 지위를 인정한 반면 자연의 도덕적 지위를 부정함

소화 과정으로서의 복습

복습은 배운 것을 자신의 것으로 만드는 지적 소화 과정입니다. 복습의 중요도는 별 세 개(★★★)입니다. 섭취한 음식을 소화하지 않으면 아무 소용 없는 것처럼 복습을 하지 않으면 예습과 수업은 아무런 효용이 없겠지요?

	중요도	언제	어떻게	목표
복습	★★★	• 쉬는 시간 5분 • 하루 수업 종료 후 • 주말	• 능동적 내용 조직 • 이해 여부 확인 • 반복 통한 무의식적 암기	習(습)

복습은 정보를 학습한 직후부터 반복적으로 복습하는 것이 가장 좋습니다. 수업 후 쉬는 시간 5분 동안 직전 교시의 과목을 잠시 복습할 수 있습니다. 또 모든 수업이 끝난 후 그날 수업한 과목들을 복습하면 좋습니다.

오늘의 학교 시간표는 1교시 국어, 2교시 수학, 3교시 가정, 4교시 체육, 5교시 미술, 6교시 영어, 7교시 한자입니다. 체육과 미술 과목은 매일 복습할 필요가 없지 않을까요? 복습량을 줄이고 싶다면 가정과 한자 과목도 복습하지 않아도 됩니다. 모든 수업이 끝난 후에는 국어, 수학, 영어만 복습하면 됩니다. 각 과목을 복습하는 데 10분씩 총 30분만 할애하면 됩니다.

주말에는 그 주에 수업했던 내용들을 다시 복습하세요. 월요일부터 금요일까지 각 주요 과목의 진도가 나간 만큼 그 부분을 다시 복습하는 겁니다. 이렇게 하면 한 과목의 수업 내용을 세 번 복습하게 되겠지요? 이런 신속 누적 복습이 가장 효과적입니다.

이러한 3회 즉각 반복 복습의 효과는 이론적으로 증명되었습니다. 다음의 에빙하우스의 망각 곡선은 학습자가 정보를 학습한 후 시간의 경과에 따라 기억량에 어떠한 변화가 생기는

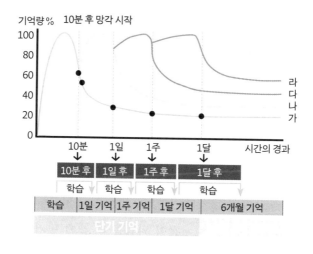

지를 보여줍니다. 학습 후 복습을 하지 않으면 그래프의 〈가〉처럼 시간이 지날수록 정보의 기억량은 급격히 줄어듭니다.

　그러나 수업을 통해 정보를 학습한 후 곧바로 복습을 하면 〈나〉처럼 기억량이 회복됩니다. 그러다가 시간이 지나면 다시 기억량은 줄어듭니다. 하루가 지나가는 시점에 다시 복습을 하면 〈다〉처럼 기억량이 회복됩니다. 다시 기억량이 줄어들 때즈음 한 주가 끝나가는 시점에 한 번 더 복습을 하면 〈라〉처럼 기억량이 회복됩니다. 이렇게 즉각적으로 누적해 복습된 정보는 결국 장기 기억으로 남게 될 가능성이 큽니다.

한 주가 끝나기 전 늘 세 번씩 수업을 반복 복습하는 철수와 시험 3주 전 처음으로 시험 공부를 시작하려고 책을 펴는 민수가 있습니다. 철수와 민수 중에서 누가 더 시험 준비에서 앞서갈까요? 의심의 여지 없이 철수가 민수보다 앞서 있습니다. 세 번의 복습을 즉각적이고 반복적으로 하는 아이는 그러지 않은 아이에 비해 유리한 위치를 점하게 됩니다.

저는 고등학교 1학년 때와 달리 2학년이 되면서 공부 방식에 변화를 주었습니다. 바로 즉각 반복 3회 복습 방식을 적용했습니다. 공부 방식을 바꾼 후 획기적인 변화를 경험했는데요. 1학년 때는 시험 기간이 되었을 때 책에 필기한 내용이 기억나지 않았는데 2학년 때는 그런 일이 없었습니다. 3회 복습을 즉각적으로 해놓았으니까요. 이미 복습한 내용을 시험 기간에 네 번째로 복습하다 보니 시험공부하는 것이 한층 수월했고 결국 더 많은 양을 공부할 수 있었습니다. 그리고 시험 점수에도 결정적인 차이가 생겼습니다. 이것이 서울대학교에 입학할 수 있었던 내신 성적을 얻는 발판이 되었습니다. 복습의 시점과 횟수. 여기에 효율적 공부의 왕도가 숨어있다는 것에 대해서 어떻게 생각하나요?

복습은 어떻게?

　누적 반복 복습을 할 때 구체적으로 어떠한 방식으로 해야 할까요? 능동적으로 내용을 조직하고, 내용을 이해하고 있는지의 여부를 스스로 확인하고, 반복 과정을 통해 '무의식적 암기'를 하려는 의도를 갖고 복습해야 합니다. 이를 통해 온전한 습(習), 즉 배운 정보의 익힘을 이룰 수 있습니다.

연습해보기

　세 가지의 복습 방식을 앞에 나온 사회 공부에 적용해봅시다.
　첫째, 능동적으로 내용을 조직해봅니다. 수업 내용과 교과서 내용을 깔끔하게 논리적으로 파악해보는 겁니다. 능동적으로 내용을 조직하면 교과서의 많은 내용을 나만의 조그만 핵심으로 받아들이게 됩니다. 다음은 능동적으로 교과서와 수업 필기 내용을 조직한 예시입니다.

1. 자연환경과 인간
　1.1. 자연에 대한 관점
　　1.1.1 인간 중심주의

(1) 개념

(2) 도구적, 수난적 가치

(3) 아리스토텔레스

1.1.2. 생태 중심주의

(1) 개념

(2) 본래적 가치

(3) 레오폴드

(4) 네스

1.1.3. 동서양 자연관 비교

(1) 동양 자연관

(1.1.) 유교

(1.2.) 불교

(1.3.) 도가

(2) 서양 자연관

(2.1.) 베이컨

(2.2.) 데카르트

(2.3.) 칸트

둘째, 내용을 이해하고 있는지의 여부를 스스로 확인해봅니다. 교과서의 한 문장 한 문장 그리고 필기 내용의 한 문장 한 문장을 읽으면서 이 말의 의미와 성립 원리를 이해하고 있는지 스스로에게 질문해봅니다.

교과서에 필기해놓은 내용을 복습할 때 다음과 같이 스스로 질문하고 답해보면서 공부해봅시다.

'인간의 힘은 자연을 관찰하고 분석하여 얻는 지식을 통해 생겨난다고 보았다고?'

→ 이게 무슨 의미이지? 나는 이게 무슨 의미인지 모르고 있는 것 같아. 무슨 의미인지 생각해볼까? → '인간의 힘은 자연에 대한 지식 통해 생기는 거'구나. → '자연은 인간에게 힘을 주는 도구'이군. → 의미가 간단히 이해되는군!

'자연을 인류의 복지를 위한 수단으로 보고 자연에 관한 지식의 활용을 강조했다고?'

→ 이 말이 성립하는 원리가 뭐지? 나는 이 말에 담긴 원리를 모르고 있는 것 같아. → 앞서 이해한 대로 '자연은 인간에게 힘을 주는 도구'이군. → 그러므로 '자연은 인간 복지 위한 수단'이군. → 결론적으로 '자

연에 관한 지식을 활용해야 함'. 왜? 자연이 인간에게 힘을 주는 도구이니까. → 이 문장에 담긴 원리가 이해되는군.

'결국, 베이컨의 이론은 전형적으로 서양의 자연관 성격을 띠는구나. 자연을 도구나 수단으로 봤으니까.'

한 문장 한 문장을 암기하는 것보다 문장의 의미와 이유를 이해하고 있는지 점검해봅시다. 공부는 정보와 정보 사이에 체인을 엮어내는 행위와 다름없습니다. 정보와 정보를 서로 논리적 연결성이라는 체인으로 엮어내면 모든 정보가 한 덩어리로 연결되겠지요. 한 덩어리가 된 정보는 머릿속에 저장하기도 쉽고 머릿속에서 인출하기도 쉽습니다. 시험을 잘 치는 비결은 복습하면서 정보와 정보를 서로 엮으려고 하는 것입니다. 이 이치가 이해되면 공부의 왕도에 다다르게 됩니다.

셋째, 반복 과정을 통해 무의식적 암기를 합니다. 교과서 내용을 읽을 때 그것을 암기하려는 목적으로 복습하면 안된다는 걸 알고 계셨나요? 오히려 그냥 내용에 담긴 원리와 의미를 이해하면서 즐겁게 읽어나가는 것이 좋습니다. 이 과정을 세 번 혹은 그 이상 반복해 복습하면 나도 모르는 사이 그 정보들이 암기되어있을 겁니다. 따라서 복습할 때 암기가 아닌 이해에 주안점을 두어야 합니다. 이해를 하려다 보면, 또 그 과정이 반복되다 보면 자동적으로 암기가 됩니다. 이것이 무의식적 암기입니다.

지금까지 살펴본 세 가지 방법을 잘 활용한다면 뇌에서 마구 뿜어지는 비유적 소화 효소들을 통해 복습이라는 소화 과정을 마무리할 수 있습니다. 이제 흥미롭게 예습하고, 진중하게 수업을 듣고, 든든하게 소화하는 복습을 해보지 않겠어요?

시험 전후 전략 짜기

　헬스 트레이너에게 근육을 효과적으로 만들 수 있는 비결에 대해 질문한 적이 있습니다. 그는 운동 직전과 직후에 단백질을 꼭 섭취하라고 조언했습니다. 평소보다 특히 운동 전후 시점에 단백질을 섭취하면 근육을 만드는 데 도움이 된다고 합니다.

　시험공부도 마찬가지입니다. 평소에도 당연히 공부를 해야 하지만 시험 직전과 시험 직후에 하는 공부는 평소에 하는 공부보다도 더 가치가 있습니다. 시험 직전 기간과 시험 직후 기간을 잘 활용해 공부하면 시험을 잘 치는 데 필요한 근육이 만들어집니다.

시험 전후 기간의 중요성을 설명하기 위해 에빙하우스의 망각 곡선을 살펴보겠습니다. 에빙하우스의 망각 곡선은 학습 후 경과 시간에 따른 학습 기억량의 변화를 나타낸 곡선입니다. 간단히 말하면 학습이 끝난 후 시간이 지남에 따라 기억량이 급격히 줄어드는 것을 나타내는 곡선입니다.

에빙하우스의 망각 곡선을 조금 변형해보겠습니다. 세로축을 기준으로 데칼코마니를 만들듯이 대칭 이동한 후 기존의 에빙하우스의 망각 곡선과 합쳐보겠습니다. 그러면 다음과 같은 그래프가 만들어집니다.

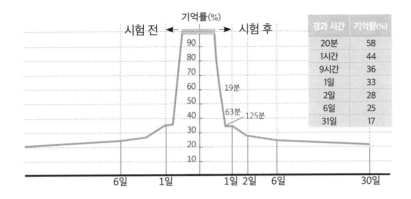

경과 시간	기억량(%)
20분	58
1시간	44
9시간	36
1일	33
2일	28
6일	25
31일	17

시험 직전 기간의 가치

세로축을 둘러싼 하늘색 사각형 부분은 실제로 시험을 치르는 기간입니다. 하늘색 사각형의 왼쪽 부분은 시험 전 기간을 나타내는 것으로, 시험 전에 학습한 내용이 실제 시험을 치를 때 기억되는 정도를 의미합니다. 시험 6일 전에 학습한 내용은 시험을 치르는 당일에는 약 25퍼센트밖에 기억되지 않습니다. 하지만 시험 12시간 전에 학습한 내용은 시험 치르는 당일에 60퍼센트가량 기억됩니다. 이는 시험 직전에 학습한 내용일수록 시험을 치르는 순간에 더 많이 기억될 수 있다는 것을 보여줍니다.

따라서 시험 직전 기간을 잘 이용하면 시험 점수를 효율적으로 올릴 수 있습니다. 많은 아이들이 시험 전날 벼락치기 공부를 하는데 이는 효율의 측면에서만 따져보면 아주 좋은 공부법입니다. 따라서 평소에 공부를 하는 바탕 위에 시험 직전에는 누구나 벼락치기 공부를 해야 합니다. 시험 직전 기간은 너무나도 중대한 시점이기 때문에 모든 걸 불사르며 공부해야 합니다. 시험 하루 전날에 하는 1시간 공부는 시험 10일 전에 하는 10시간 공부만큼의 가치가 있다는 것을 알고 계셨나요?

　시험공부 계획을 세울 때 시험 직전이라는 골든타임을 어떻게 잘 활용할지 생각해보겠어요? 이 시기를 얼마나 잘 사용하느냐에 따라서 시험의 성패가 갈립니다. 내신 시험을 치르기 직전에 얼마나 효과적이며 집약적으로 공부하는지 스스로에게 질문해볼까요?

시험 직후 기간의 가치

　그런가 하면 하늘색 사각형 오른쪽 부분은 시험 후 기간을 나타내는 것으로, 시험이 끝나고 난 후 시험을 치르면서 느낀 감정과 기분 및 시험 출제 경향과 정보가 기억에 남아있는 정도를 의미합니다. 시험을 치르고 6일이 지난 후에는 시험을 친 순간에 느낀 감정과 시험 출제 경향에 대한 파악이 기억 속에 약 25퍼센트밖에 남아있지 않습니다. 반면, 시험이 끝난 직후에는 90퍼센트가량의 생생한 감정과 정보를 얻어낼 수 있습니다. 즉 시험을 제대로 복기하기 위한 가장 적절한 시점은 시험을 치른 직후임을 알 수 있습니다.

시험이 끝난 직후에는 시험을 치르며 느낀 감정을 최대한으로 되살릴 수 있겠지요. 시험 출제 경향에 대해 무의식적으로 문제를 풀며 느꼈던 것을 다시 기억해낼 수 있습니다. 자신이 시험을 치르며 느낀 후회와 안도를 다시 되살려낼 수 있습니다. 밥 먹고 나서 한참 지나서 설거지하는 것보다 밥먹고 나서 곧바로 설거지하는 쪽이 더 청결하고 효율적인 것처럼 시험이 끝나고 나서 한참이 지나 시험을 분석하는 것보다 시험이 끝난 직후에 시험을 분석해보는 쪽이 더 정확하고 효율적이겠지요.

시험 직후 바로, 또 다른 골든타임에 시험을 복기하면 다음 시험을 잘 치르는 데 필요한 전략을 얻을 수 있습니다. 시험 직후라는 골든타임을 어떻게 잘 활용하고 있었는지 생각해보겠어요? 시험이 끝나고 나면 곧장 놀러 가나요? 그것도 좋지만 시험을 우선 복기해보면 어떨까요? 그러면 다음에 있을 비슷한 시험을 잘 치러낼 수 있습니다.

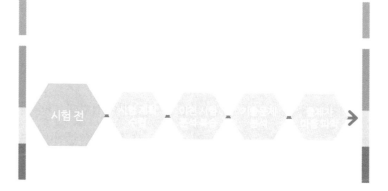

시험 전 전략

시험 전

시험 계획 수립

시험 전 기간(시험 약 3~4주 전)에 가장 먼저 해야 할 일은 시험 계획을 수립하는 것입니다. 시험 계획을 수립하는 이유는 시험 직전 기간(시험 약 3일 전)을 최대한 효율적으로 사용할 수 있도록 기틀을 닦아놓는 것이기 때문입니다.

평소에 공부를 전혀 하지 않다가 시험 직전 기간에만 제대로 공부를 한다면 그 공부는 효율적이지 않습니다. 아마 공부하면서 막히는 부분이 많을 겁니다. 내용이 이해가 안 되다 보니 학습에 요구되는 시간도 길어질 겁니다. 그러면 중요한 골든타임을 효율적으로 사용할 수 없습니다.

반면 시험 3~4주 기간에 걸친 계획을 치밀히 수립해 준수한다면 시험 직전 3일 동안 하는 공부는 매우 효율적일 수 있습니다. 3주의 기틀이 마련된 상태에서 진행하는 마지막 3일의 공부는 모든 것을 바꿔놓을 수 있습니다.

23일부터 26일까지 내신 시험이 예정되어있다고 가정해봅니다. 23일에는 국어 · 윤리 · 미술 과목을, 24일에는 수학 · 한문 · 음악 과목을 시험 봅니다. 그리고 25일에는 영어 · 생명과학 · 체육 과목의 시험이 있습니다. 그리고 26일에는 지구과학 · 화학 과목의 시험을 치릅니다. 이 시험을 위한 계획은 약 3주 전부터 시험 종료 직전까지(1일~26일) 수립해야 합니다.

시험 계획 세우기의 첫 번째는 목표 설정에 관한 것입니다. 우선, 시험 결과의 목표를 정해볼까요? 목표 전교 등수, 각 과목의 목표 석차/등급을 통해 '결과의 목표'를 정할 수 있습니다. 예를 들어, '국어 2등급, 윤리 3등급, 미술 85점, 수학 2등급, 한문 3등급, 음악 85점, 영어 1등급, 생명과학 3등급, 체육 85점, 지구과학 3등급, 화학 3등급'이라는 결과의 목표를 설정했다면 다음으로 '과정의 목표(특히 횟수의 목표)'를 정해야 합니다.

결과의 목표를 이루기 위해서 각 과목을 몇 회 공부할 것인지 '횟수의 목표'를 정해볼까요? 예를 들어, '국어 6회, 윤리 4회, 미술 2회, 수학 8회, 한문 4회, 음악 2회, 영어 9회, 생명과학 5회, 체육 2회, 지구과학 5회, 화학 5회'라는 공부 횟수의 목표를 설정했다면 그다음에는 예상 시험 범위를 파악해야 합니다.

각 과목의 시험 범위를 가능한 한 정확히 예상해봅니다. 시험 범위를 단원별로 나눈 후 각 단원을 횟수의 목표만큼 공부를 진행한다는 시험 계획을 수립해볼까요? 15일까지는 전체 공부 횟수의 목표의 절반은 끝내야겠다는 시험 계획을 수립할 수 있습니다.

마지막으로, 공부 다이어리에 표를 그려서 각 과목과 단원별로 지금 몇 회차 공부를 진행하고 있는지 진행 척도를 주기적으로 표시해줍니다. 공부 진행 추이를 보면서 공부 횟수의 목표 성취를 향해 순항하고 있는지를 늘 점검해볼 수 있겠지요.

다음의 표처럼 시험 계획을 세우고 시험공부 진행 상황을 한눈에 볼 수 있게 표시해나가면 시험공부를 주도적으로 해나갈 수 있습니다.

		결과의 목표	공부 횟수의 목표	공부 진행 추이
국어	4단원(문법)	2등급	6회	○○
	5단원(문학)			○○
	6단원(비문학)			○○○○
수학	1단원(극한)	2등급	8회	○○○○
	2단원(미분)			○○○
	3단원(적분)			
영어	교과서 지문	1등급	9회	○○○○○○
	부교재 지문			
	영단어장			○○○○
윤리	3단원	3등급	4회	○○
	4단원			○
생명과학	4단원	3등급	5회	○○
	5단원			
지구과학	4단원	3등급	5회	○○○
	5단원			
화학	3단원	3등급	5회	○○
	4단원			
한문	2단원	3등급	4회	○
	3단원			○
예체능	미술	85점	2회	
	음악	85점	2회	
	체육	85점	2회	

이전 시험 분석 복습

이번 시험의 출제 경향을 파악하기 위해서 지난 시험이 끝난 후 시험 출제 경향을 분석했던 것을 다시 복습해봅니다.

시험 후 전략의 일환으로써 시험을 분석했던 바를 새롭게 다시 검토한다는 의미입니다. 이전 시험의 난이도는 어땠을까요? 출제 근거가 어디였을까요? 어떤 식의 공부법이 통했거나 실패했을까요? 지난 시험이 끝나고 느꼈던 바를 점검하고 복습합니다. 이러한 분석 결과에 따라서 이번 시험을 전략적으로 준비해볼까요?

기출문제 분석

작년에 출제되었던 기출문제를 구해서 분석해보면 좋습니다. 혹시 작년 출제자와 올해 출제자가 동일하다면 작년 기출문제는 상당히 참고할 만한 가치가 있겠지요? 그렇지 않더라도 작년 기출문제는 유용한 참고 자료가 될 수 있습니다.

물론 시험의 종류에 따라서 기출문제의 중요성은 차이가 있습니다. 그렇다 해도 기출문제를 분석하는 것은 거의 모든 시험 준비에 꼭 필요한 부분입니다. 기출문제를 보면서 다음과 같은 점을 스스로에게 질문하고 답해봅시다.

- 기출문제를 풀어보니 현재 자신의 학습 상태는 어떠한가?
- 기출문제의 난이도는 어떠했는가?

- 기출문제 출제자는 누구였나? 올해의 출제자와 동일한가?
- 출제 근거가 된 자료로 무엇이 사용되었는가?
- 출제자는 문제를 통해 수험자에게 무엇을 요구했는가?
- 다가오는 시험을 어떤 방식으로 대비해야 하는가?

출제자 마음 파악

내신 시험의 경우 시험 출제자인 선생님을 대면해 바로 만날 수 있습니다. 수업 시간마다 만나는 시험 출제자의 마음을 파악할 수만 있다면 시험을 더 효과적으로 준비할 수 있을 것 같지 않나요?

이번 시험의 난이도가 어떨지, 어느 교재에서 문제를 출제할지, 문제에 담긴 출제 의도가 무엇인지를 파악할 수 있다면 시험에 많은 도움이 될 것입니다. 출제자의 출제 의중을 파악할 수 있는 두 가지 방법에 대해 알아보겠습니다.

마음을 길어내는 질문을 한다

아주 깊은 우물이라도 두레박으로 물을 길어낼 수 있습니다. 마찬가지로 선생님의 마음속 깊은 곳에 어떤 생각이 있다 할지라도 슬기로운 질문을 던지면 그 깊은 생각을 알아낼 수 있지 않을까요? 문제 출제가 다 끝났을 즈음 선생님에게 슬기롭게 질문을 던져볼까요? 그러면 시험 출제에 대한 힌트를 얻을 수 있습니다. 이때 분별력이 필요합니다.

평소 선생님과의 사이가 돈독해야 합니다. 그래야 선생님이 뭐라도 더 알려주고 싶어 하겠지요. 수업 시간에 열심히 소통한다면 선생님의 마음을 얻을 수 있습니다. 또한 시기적절하게 질문을 해야 합니다. 시험에 대해 질문하기에 적절한 때는 언제일까요? 선생님의 기분이 좋을 때 vs 기분이 좋지 않을 때, 많은 아이들이 듣고 있을 때 vs 나 혼자만 듣고 있을 때, 선생님이 시험 출제를 덜 마친 시점 vs 선생님이 시험 출제를 다 마친 시점 등 질문을 던질 적절한 시기를 파악해야 합니다. 그리고 질문을 잘 선택해서 던져야 합니다.

"선생님, 시험 어려워요?"

이와 같은 단순한 질문을 던지면 단순한 대답이 돌아올 뿐입니다. 자신의 상황을 이야기하면서 좀 더 설득력 있고 구체적으로 질문해볼까요?

"선생님, 제가 수업을 정말 열심히 듣기는 했는데 아직 3단원의 응용 부분이 너무 어려워요. 시험 대비를 어떻게 해야 할지 감이 잘 안 오거든요. 어떤 방식으로 기말고사를 대비하는 게 옳다고 보세요?"

이렇게 질문한다면 선생님은 내 편이 되어줄 겁니다.

○ 탐정이 되어 문제 출제의 흔적을 찾는다

사건을 수사할 때 흔히 탐정들은 쓰레기통을 뒤진다고 합니다. 쓰레기통 안의 내용물을 보면 사건의 실마리를 발견할수 있기 때문입니다. 우리는 시험을 위해서 탐정이 되어야 합니다. 그렇다고 교무실에 있는 선생님의 쓰레기통을 뒤질 수는 없겠죠? 그런데 쓰레기통보다도 더 많은 단서를 알려주는 것이 있습니다. 교무실의 선생님 책상 위에 있는 책들입니다. 그 책들을 한번 유심히 보세요. 시험 출제의 근거가 되는 경우가 많습니다.

저는 이 방법을 통해 효과를 본 적이 꽤 있거든요. 중학생때 영어 선생님 책상에 있는 문법 교재를 볼 기회가 있었습니다. 그리고 일부러 그 책을 산 후 책 내용 중에서 기말고사시험 범위 문법 내용만 골라 공부했습니다. 결과는 놀라웠습니다. 시험 문제에 그 책에 있던 문장 예시가 그대로 출제되어 나온 것이었습니다. 그리고 그 출제된 부분은 기말고사 결과를 결정짓는 킬러 문제이었습니다. 물론 저는 아주 쉽게 그문제를 해결할 수 있었지요. 이처럼 시험공부를 계획할 때 선생님이 자주 볼 것 같은 문제집이나 참고서들을 공부 범위에포함시켜보겠어요?

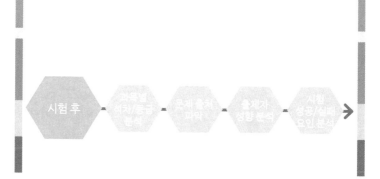

시험 후* 전략

시험 후 → 과목별 석차/등급 분석 → 문제 출처 파악 → 출제자 성향 분석 → 시험 성공/실패 요인 분석 →

과목별 석차 및 등급 분석

　현재 고등학교에서는 기본적으로 내신 등급제를 채택합니다. 각 과목의 점수가 중요한 것이 아니라 등급이 중요합니다. 또한 각 과목의 전교 등수보다 등급이 중요합니다. 오로지 등급이 중요하답니다. 그래서 고등학생은 내신 시험이 끝난 직후 각 과목의 등급을 잘 확인해보아야 하겠지요?

◆ 여기에서 말하는 시험 후 시점이란 특히 시험이 끝난 직후의 시점을 의미합니다.

영식이는 초록고등학교에 재학 중인 1학년 학생입니다. 초록고등학교 1학년 전교생은 300명입니다. 그렇다면 각 과목의 1등급은 전교 석차 1~12등에게만 주어집니다. 1등급은 상위 4퍼센트가 획득하기 때문이지요. 각 과목의 2등급은 4~11퍼센트인 전교 석차 13~33등에게만 주어집니다. 이것이 바로 고등학교에서 현재 시행되는 과목별 등급 제도입니다.

고등학교 내신 등급표

등급	누적 비율(%)	등급 비율	100명 기준	200명 기준	300명 기준
1	~04	4	4	8	12
2	~11	7	11	22	33
3	~23	12	23	46	69
4	~40	17	40	80	120
5	~60	20	60	120	180
6	~77	17	77	154	231
7	~89	12	89	178	267
8	~96	7	96	192	288
9	~100	4	100	200	300

영식이는 1학기 국어 시험에서 전교 13등을 차지했고, 수학 시험에서는 전교 33등을 차지했습니다. 국어와 수학 과목의 등급은 각각 어떻게 될까요? 둘 다 2등급입니다. 전교

13등을 하든, 전교 33등을 하든 똑같은 2등급의 범위 안에 있기 때문입니다. 국어를 수학보다 훨씬 더 잘했으나 등급상으로는 차이가 없습니다. 만약 영식이가 국어를 조금 더 공부해서 3점만 더 얻었다면 아마도 영식이는 국어 시험에서 전교 12등을 해 1등급을 받을 수 있었을 겁니다. 정말 안타까운 결과이지요? 사실 전교 1등을 해서 얻는 1등급이나 전교 12등을 해서 얻는 1등급은 별반 차이가 없습니다.

이러한 이유로 인해서 내신 시험이 끝나면 반드시 과목별 석차와 예상 등급을 판별해보아야 합니다.

영식이의 성적표

과목명	1학기 점수	석차 등급	석차/수강자 수
국어	87.56	2	13/300
수학	80.34	2	33/300
영어	90.24	1	7/300
...			

이제 영식이의 같은 반 친구 민준이의 성적표를 보면서 과목별 석차 및 등급을 어떻게 분석해야 할지 검토하고 다음 시험에 어떤 전략을 짜야 되는지 알아봅시다.

민준이는 국어, 경제, 정치와 법, 일본어는 1등급 안정권에 있습니다. 이 과목들은 방심하지 않고 다음 시험을 적절

민준이의 성적표

과목	시험 점수	석차 등수/ 수강자 수	현 시점에서의 등급	분석 결과
국어	96	2/300	1등급	
수학	87	13/300	2등급	
영어	78	26/300	2등급	
경제	97	3/300	1등급	
정치와 법	86	5/300	1등급	
일본어	100	1/300	1등급	

히 준비해 크게 망치지 않는다면 무난히 1등급을 받을 수 있을 것입니다.

수학은 간발의 차로 2등급에 머물러 있습니다. 수학은 다음 시험에서 조금만 더 열심히 공부한다면 1등급으로 올라갈 가능성이 큽니다. 따라서 다음 시험에서는 수학에 방점을 두고 집중적으로 노력해야 합니다. 조금만 더 잘 치면 1등급이니까요.

반면 영어는 2등급 후반부에 머물러 있습니다. 이런 경우에는 현실적인 선택을 해야 할지도 몰라요. 영어는 15명을 앞질러야 1등급을 얻어낼 수 있습니다. 이것이 현실적으로 가능할지 객관적으로 고려해보아야 합니다. 만약 어려울 것 같으면 영어를 제외한 다른 과목에서 1등급을 받고 영어는

2등급으로 목표를 정하는 것이 현명하지 않을까요? 영어 공부하는 시간을 줄이고 수학 공부하는 시간을 늘리는 것이죠. 수학과 영어에 힘을 분배하다가 둘 다 2등급을 받는 것보다는 수학에 집중해 수학은 1등급, 영어는 2등급을 얻는 쪽이 훨씬 낫지 않을까요? 이처럼 시험이 끝난 직후 과목별 석차 등급을 분석해보면 다음 시험을 위한 선택과 집중의 전략을 수립할 수 있겠지요?

문제 출처 파악

시험이 끝난 직후 시험 문제를 하나하나 꼼꼼히 보면서 그 문제의 출처가 어디인지를 파악해야 합니다. 학교 선생님이 어디에 있는 문제를 차용해 가져왔는지 파악해봅니다. 흔히 내신 시험 출제자는 교과서(수학 익힘책 포함), 선생님이 정한 부교재, 모의고사 기출문제, 작년 내신 기출문제, 그 외 외부 문제집 등에 있는 문제를 활용합니다. 시험 문제를 어디서 가져온 건지를 일일이 찾아봐도 좋습니다.

저는 중고등학교 시절에 수학이 늘 힘들었습니다. 타고난 수학적 두뇌를 가지지 못했고 가정 형편도 좋지 않아 수학 선행 학습을 전혀 하지 못했습니다. 다른 아이들보다 수학 수업 시간에 많이 뒤처졌습니다. 하지만 두뇌가 아닌 재치로 이 어려움을 타개해나가겠다고 결심했습니다. 수학을 두뇌가 아니라 재치로 승부할 수 있다고 생각했기 때문입니다.

고등학교 시절 1학기 수학 시험을 치른 후 각 문제들을 어디에서 가져온 것인지 분석했습니다. 분석 결과 대략 10문제 정도는 수학 익힘책에서, 다른 10문제 정도는 선생님이 정한 부교재에서, 다른 5문제 정도는 모의고사 기출문제에서 가져온다는 것을 확인할 수 있었습니다. 특히, 고난도 문제의 경우 모의고사 기출문제의 어려운 문제를 그대로 가져와서 출제한다는 것을 발견했습니다. 저는 이렇게 문제의 출처를 파악한 후 '수학 익힘책 : 부교재 : 모의고사 기출문제'를 '2 : 2 : 1'의 중요도로 두고 공부하기 시작했습니다.

특히, 모의고사 기출문제의 경우 고난도 유형만 골라서 선택적으로 공부했습니다. 정말 이해가 안 되는 문제는 어쩔 수 없이 풀이 방식을 외우기로 했습니다. 그 문제가 시험에 나올 확률이 꽤나 높다면 외우면 됩니다. 결과는 어땠을까요? 1학년 때는 수학이 2등급이었지만 2학년부터는 수학 1등급을 한 번도 놓치지 않았답니다.

이러한 문제 출처 파악의 비법은 수학을 포함한 거의 모든 과목에서 통합니다. 문제 출처를 파악하면 어떤 교재를 얼마만큼의 중요도를 두고서 공부해야 할지 감을 잡을 수 있습니다.

시험이 끝난 직후 시험 출제자가 어떤 성향을 갖고 있는지 분석해봅니다. 시험지를 보면서 출제자 성향과 관련해 다음과 같은 상황을 검토해봅시다.

- 출제자는 교과서에 나오는 줄글의 내용을 출제에 어떤 식으로 반영했는가?
- 출제자는 교과서에는 안 나오지만 수업 시간에 언급한 내용이나 필기 내용을 출제에 어떤 식으로 반영했는가?
- 시험 문제는 어떤 자료(교과서, 부교재, 외부 문제, 수업 때 나누어준 프린트물 등)에서 많이 출제되는가?
- 출제자는 문제 선지를 구성할 때 어떤 식으로 오답을 유도해내는 경향이 있는가? 그러한 경향의 패턴을 찾을 수 있는가?
- 고난도 문제의 출제 의도는 무엇인가? 문제를 어렵게 만들 때 어떤 요소를 문제에 추가해 그것을 어렵게 만드는가?

시험이 끝나고 나면 이제 새로운 범위에서 다음 시험 문제가 나옵니다. 하지만 시험 범위는 바뀌어도 출제자는 바뀌지 않는다는 사실을 기억해야 합니다. 중간고사 과학 시험 출제자와 기말고사 과학 시험 출제사는 이변이 없는 한 동일한 선생님입니다. 그러니 이번에 치른 시험을 통해서 출제자의 성향을 꼭 파악해놓을까요? 그러면 다음 시험이 어떤 성격으로 출제될지 파악할 수 있습니다.

시험 성공 및 실패 요인 분석

출제자를 들여다보았다면 이번에는 스스로를 들여다보아야 합니다. 시험이 끝나고 나면 그 시험을 대비하는 데 있어서 성공 및 실패 요인을 분석해보아야 합니다. 시험지를 보면서 다음과 같은 상황을 검토해봅시다.

- 시험 문제는 내가 예상했던 대로 출제되었는가? 아니면 예상치 못한 경향으로 출제되었는가?
- 시험 대비 공부법과 실제로 출제된 시험 문제들을 비교했을 때 어떤 공부법이 효율적이었는가?
- 어떤 부분을 중점적으로 공부한 것이 효과적이었는가?
- 시험 대비 공부법과 실제로 출제된 시험 문제들을 비교했을 때 나의 어떤 공부법이 비효율적이었는가? 내가 어

떤 부분을 중점적으로 공부했어야 했는가?

- 시험을 치는 순간에 문제를 풀면서 어떤 이유로 그 문제들을 틀렸는가? 앞으로 어떻게 대처해야 하는가?
- 시험을 치는 순간에 판단 오류나 실수를 어떻게 하다가 범했는가? 실수를 반복하지 않으려면 어떻게 해야하는가?

시험 출제자뿐 아니라 바뀌지 않는 것이 하나 더 있습니다. 바로 시험을 치르는 나 자신입니다. 우리는 저번에 했던 실수를 다음에 또 할 것이고, 저번에 시도했던 공부법을 다음에도 시도하려고 할 것입니다. 그러니 나 자신의 잘못된 부분을 정확히 짚어내어 그 잘못을 반복하는 일이 없게 해야겠지요?

선지 정답 개수 파악

시험 후 과목별 정답표가 나오면 '선지 정답 개수 파악'을 해야 합니다. 다음에 나오는 국어 시험의 정답표를 살펴봅시다.

이 시험의 선지별 정답 개수를 파악해보면 '①번 9개, ②번

정 답

1	①	2	⑤	3	②	4	③	5	③
6	④	7	①	8	①	9	④	10	⑤
11	②	12	③	13	②	14	③	15	③
16	④	17	④	18	①	19	⑤	20	①
21	②	22	⑤	23	⑤	24	④	25	②
26	⑤	27	④	28	①	29	①	30	③
31	②	32	①	33	①	34	③	35	②
36	③	37	②	38	①	39	⑤	40	③
41	⑤	42	⑤	43	②	44	④	45	④

9개, ③번 9개, ④번 9개, ⑤번 9개'입니다. 국어, 수학, 영어 등 내신 시험을 치르는 모든 과목의 선지별 정답 개수를 파악해놓으면 됩니다. 이렇게 선지 정답 개수를 파악하면 다음에 살펴볼 과학적 찍기 방법의 기본이 되기 때문입니다.

시험 전후 효과적인 공부법

비바람 벼락치기 공부법

많은 아이들이 시험 직전에 벼락치기 공부를 합니다. 이 벼락치기 공부를 보완하는 방법으로 '비바람 벼락치기 공부법'을 제안합니다. 벼락이 본격적으로 치기 전 비가 내리고 바람이 많이 붑니다. 공부도 마찬가지입니다. 시험 직전 며칠 동안 벼락치기 공부를 하기에 앞서 넉넉한 기간 동안 비가 내리고 바람이 부는 것과 같은 공부를 해야 합니다. 비와 바람 같은 공부는 시험 직전 벼락치기 공부를 '준비'하는 역할을 합니다. 이전 기간에 학습이 제대로 안 되어있으면 시험 직전 기간에 효율적인 공부를 할 수 없겠지요? 그러므로 시험 3주 전에서 1주 전 기간에는 비바람이 부는 것처럼 벼락치기를 준비하는 공부를 해야 합니다. 비바람이 부는 기간 동안 하는 공부의 목적은 다름 아닌 벼락치기 기간 동안의 공부가 효율적인 것이 될 수 있도록 준비하는 것입니다.

비바람이 불고 벼락이 치는 것과 같은 시험 전 기간 동안 시험 계획을 수립하고, 이전 시험 분석 내용을 복습해보고, 기출문제를 분석하고, 출제자 마음을 파악해야 합니다.

무지개 공부법

비바람과 벼락이 끝나고 나면 무지개가 뜹니다. 무지개는 폭풍이 끝났음을 약속합니다. 공부도 마찬가지입니다. 비바람이 불고 벼락이 치는 시험공부 기간이 끝나면 드디어 해방입니다. 평화의 무지개가 뜨는 거지요. 이제 그 무지개가 없어지기 전에 시험 후 전략을 실천해야 합니다. 무지개는 곧 있으면 사라집니다. 무지개가 아직 떠 있을 동안 이미 치러진 시험을 분석해보아야 합니다. 무지개가 떠나기 전에, 즉 시험을 치른 직후에 해야 합니다.

무지개가 떠 있는 것과 같은 시험 직후의 기간 동안 과목별 석차/등급을 분석하고, 문제 출처를 파악하고, 출제자의 성향을 분석하고, 시험 성공 및 실패 요인을 분석해볼까요?

기밀 3
모르는 문제 찍는 법

나비효과란 어느 한 곳에서 나비의 작은 날갯짓이 결국 다른 곳에서 토네이도를 일으킬 수 있다는 이론입니다. 아주 사소한 부분으로 인해 최종 결과가 크게 변하는 것을 의미합니다. 시험에서도 나비효과가 있습니다. 바로 답을 '찍는' 행위입니다. '이 문제를 몇 번으로 찍느냐'하는 사소한 결정이 최종적으로 대입 합격 당락을 결정지을 수도 있습니다. 시험 때 잘 찍는 방법을 체득하는 것은 사소해 보일지 몰라도 매우 중요한 문제입니다.

문제를 잘 찍는 게 도대체 왜 그렇게 중요할까요? 흔히 해결하기 어려운 문제를 찍게 되기 때문입니다. 수험생들이 좀처럼 맞추지 못하는 고난도 문제를 나만 찍어서 맞출 수 있다면 다른 수험생보다 유리한 입장이 됩니다.

예를 들어, 중간고사 수학 시험을 치렀을 때 실력상으로 80점밖에 얻지 못하는 상황입니다. 나머지 20점에 해당하는 문제들을 잘 찍지 못한다면 최종 점수는 80점입니다. 하지만 잘 찍어서 85점을 얻었다고 한다면 5점만큼의 차이가 생깁니다. 이 사소한 5점의 차이가 매번의 내신마다 반복된다면 수학에서 1등급과 2등급을 가르는 차이로 작용할 수 있습니다. 수학뿐 아니라 모든 과목에서 잘 찍어서 점수 차이가 난다면 마찬가지로 다른 과목에서도 1등급과 2등급의 차이가 생기게 되겠지요? 모르는 문제를 잘 찍지 못해서 전체 과목 평균 2등급을 받았을 때와 모르는 문제를 잘 찍어 늘 1문제씩 더 맞춰 전체 과목 평균 1.5등급 정도를 받는다면 지원할 수 있는 대학이 달라집니다. 이처럼 아주 작은 나비의 날갯짓과 같은 찍기. 이것이 대입에 있어 최종적으로 큰 토네이도와 같은 변화를 일으킬 수 있습니다.

50점과 55점의 차이는 크지 않습니다. 아마도 똑같은 등급일 것입니다. 그런데 80점과 85점의 차이는 큽니다. 95점과 100점의 차이는 더 큽니다. 아마도 1등급과 2등급 또는 2등급과 3등급을 가르는 변별선이 그 점수대에서 생길 테니까요. 흔히 찍어서 맞추거나 못 맞추는 문제가 바로 그러한 점수를 만들어냅니다. 찍어야만 하는 문제는 사실 매우 중요하고 어려운 문제일 가능성이 높고 그런 문제는 흔히 점수 형성과 등급 판별에 있어 결정적인 영향을 미치기 때문입니다. 그러므로 잘 찍어야 하지 않을까요? 찍기의 나비효과는 추후 강력한 토네이도로 돌아와 여러분들을 'SKY'로 띄워 올릴 겁니다.

그렇다면 어떻게 잘 찍을 수 있을까요? '찍기'라는 말 자체가 비과학적인 느낌을 주지만 찍기는 결코 비과학적이어서는 안 됩니다. 지금부터 과학적인 찍기 방법에 대해 전수해드리고자 합니다. 시험 찍는 방법의 이론을 검토한 후 실전을 연습해보겠습니다.

과학적 시험 찍기 방법을 적용하기 위해서는 두 가지 전제가 요구됩니다.

전제 1 객관식 문제의 선지별로 정답의 개수에 큰 차이가 없다.

시험에 25문제가 출제되었다고 합시다. 그중 ①번이 정답인 문제는 5개, ②번이 정답인 문제는 4개, ③번이 정답인 문제는 6개, ④번이 정답인 문제는 6개, ⑤번이 정답인 문제는 4개라고 합시다. 이런 경우는 선지별로 정답의 개수에 큰 차이가 없습니다. 〈전제 1〉을 충족하는 겁니다.

반면 ①번이 정답인 문제는 3개, ②번이 정답인 문제는 7개, ③번이 정답인 문제는 4개, ④번이 정답인 문제는 6개, ⑤번이 정답인 문제는 5개로 선지별로 정답의 개수에 큰 차이가 있는 경우 〈전제 1〉을 충족하지 않습니다. 〈전제 1〉을 충족하는 시험을 치를 때 과학적 시험 찍기 방법을 용이하게 사용할 수 있지만 〈전제 1〉을 충족하지 않는 시험을 치를 때는 곤란하지요.

현재의 수능 시험이나 수능형 모의고사 시험의 경우 〈전제 1〉을 충족합니다. 학교 내신 시험의 경우는 해당 과목 출제자의 성향에 따라 다릅니다. 〈전제 1〉을 충족하는 경우가 있는가 하면 그렇지 않은 경우도 있습니다. 이처럼 〈전제 1〉을 충족하지 않는 시험에는 다른 방법으로 찍기를 해야 합니다.

그러면 두 번째 전제는 무엇일까요?

전제 2 수험자는 정답을 확실히 파악할 수 있는 문제와 그렇지 않은 문제를 구별할 수 있다.

수험자는 시험을 치르는 순간 본인이 선택한 정답이 확실한지 애매한지 알 수 있습니다. 어떤 문제는 정답이 확실해 보이지만 어떤 문제는 정답이 무엇인지 긴가민가 합니다. ④번인 것 같은데 ③번도 정답인 것 같습니다. 정답을 확실히 파악할 수 없는 거지요. 이런 식으로 수험자는 정답을 확실히 파악할 수 있는 문제와 그렇지 않은 문제를 구별할 수 있어야만 합니다. 정답이 조금이라도 확실하지 않은 문제를 골라낼 줄 알아야 합니다.

〈전제 2〉는 마음만 먹으면 스스로 충족해낼 수 있습니다. 성실히 시험공부를 하기만 한다면 시험을 치르는 순간 정답을 확실히 알겠다 싶은 문제와 그렇지 않은 문제가 딱 보이기 때문입니다.

과학적 찍기 방법을 적용하기 위해서는 시험 전 성실히 공부해 시험을 치르는 순간 정답이 확실한 문제와 애매한 문제를 파악할 수 있는 정도의 실력을 갖추어야 하겠지요? 25문제 중 19문제 정도 정답을 확실히 파악할 수 있다면 과학적 찍기 방법을 매우 효율적으로 잘 활용할 수 있습니다.

찍기의 3단계

두 가지 전제를 충족한다면 이제 본격적으로 찍어볼 시간이 되었습니다. 찍기의 기본 방법은 3단계로 구성됩니다.

1단계 시험을 치르면서 정답이 확실한 문제만 골라낸다.

먼저, 〈전제 2〉에 의거해 정답이 확실한 문제만 검정색 펜으로 마킹하십시오. 정답이 확실하지 않은 문제는 색깔 펜으로 문제 번호에 별표를 해놓으십시오. (단, 수험자가 목표로 하는 점수, 수험자의 평소 실력에 따라서 '정답이 확실한 경우'와 '정답이 확실하지 않은 경우'의 경계가 달라질 수 있습니다. 100점을 목표로 할 만큼의 실력이 있는 수험자라면 '정답이 확실한 경우'란 매우 엄밀하게 정답이 확실하다는 것을 의미할 것입니다. 하지만 80점을 목표로 하는 정도의 수험자라면 '정답이 확실한 경우'란 어느 정도 느슨한 기준에서 정답이 확실하다는 것을 의미할 것입니다.)

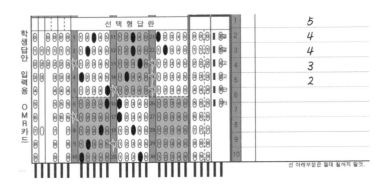

2단계 정답이 확실한 문제만을 고려해 선지별 정답 개수를 계산한다.

그다음, 색깔 펜으로 표시한 문제(정답이 확실하지 않은 문제)

는 제외하고 검정색 펜으로 정답을 마킹한 문제(정답이 확실한 문제)의 선지별 정답 개수를 합산하십시오.

다음과 같이 정답이 확실한 문제만 계산해보면 ①번이 정답인 것은 5개, ②번이 정답인 것은 4개, ③번이 정답인 것은 4개, ④번이 정답인 것은 3개, ⑤번이 정답인 것은 2개입니다. 이런 계산 결과를 OMR 카드 빈자리에 적어놓으십시오. '주관식 답란'에 적어놓으면 됩니다.

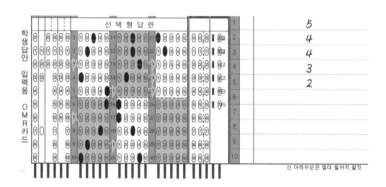

마지막으로, 정답 개수가 가장 적은 선지를 파악합니다. 이 선지 번호로 정답이 확실하지 않은 문제를 모두 찍으십시

오. ⑤번이 정답인 것은 2개뿐이니 정답이 애매한 나머지 문제는 모두 ⑤번으로 찍으라는 것입니다.

과학적이라고는 하나 이러한 찍기 방법이 의심스러울 수도 있습니다. 그러나 이 방법을 사용하면 정답을 맞힐 확률이 크게 올라갑니다.

과학적 찍기 방법과 함께 실제 시험에 활용할 수 방법이 또 하나 있습니다. 찍기로 정답 찾기 확률을 높이는 심화 방법입니다.

실전 시험에서 정답 확률을 높이는 찍기 방법

실전 시험에서 찍기로 정답 확률을 높이기 위해서는 다음과 같은 두 가지 사항을 고려해야 합니다.

◦ 두 개의 선지 중 정답이 무엇인지 헷갈리는 경우

'③번 아니면 ④번인데 뭔지 모르겠네? 몇 번을 답으로 골라야 하지?'라고 생각이 들 때는 ③번과 ④번 중에서 정답 개수가 더 적은 선지로 찍으십시오. 앞의 예시처럼 선지별 정답 개수가 파악되었을 경우 3번 문제의 정답이 ③번이나 ④번 중에 하나라는 확신이 든다면 몇 번으로 찍어야 할까요? 당

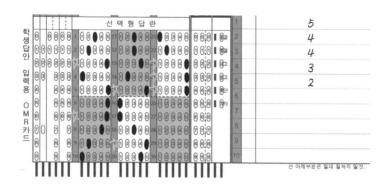

연히 ⑤번 다음으로 정답 개수가 적은 ④번을 찍어야 합니다.

○ 정답 개수가 가장 적지만 그 선지가 정답이 절대 아닌 문제인 경우

이번에는 7번 문제를 풀어보겠습니다. 7번 문제에서 확실한 것은 절대 ⑤번은 정답이 될 수 없다는 것입니다. 그렇다면 7번 문제는 몇 번으로 찍어야 할까요? 이런 경우도 ⑤번 다음으로 정답 개수가 적은 ④번을 찍으면 됩니다.

정답표 분석하기

실전 시험에서 과학적 찍기를 하기 위해 고려해야 할 사항이 또 하나 있습니다. 바로 내신 과목별로 찍기의 전략을 달리할 수 있게끔 정답표를 분석하는 것입니다.

내신 시험의 경우 과목마다 문제를 출제하는 교사의 성향이 다릅니다. 이에 따라 각 과복이 〈전세 1〉을 충족하기도 하고 충족하지 않기도 합니다. 예를 들어, 국어 선생님은 국어 시험에서 선지별 정답 개수를 고르게 만들지 않고, 수학 선생님은 수학 시험에서 선지별 정답 개수를 고르게 만듭니다. 이는 문제를 최종 출제 및 검토한 교사에 따라 달라집니다. 이럴 경우 과학적 찍기 방법을 적용할지 말지 고민하게 되겠죠?

'사람은 쉽게 변하지 않는다'라는 말이 있습니다. 이 말에 따르면 '출제자의 성향은 쉽게 변하지 않는다'라는 말도 성립합니다. 수학 시험을 최종 출제한 선생님이 중간고사에서 선지별 정답 개수를 고르게 냈다면 그 선생님은 늘 시험 출제 시 선지별 정답 개수를 고르게 내는 분일 가능성이 매우 큽니다. 따라서 다음 기말고사 때도 수학 과목은 선지별 정답 개수가 고르게 나올 확률이 매우 크지요. 이러한 원리에 입각해 다음과 같은 단계의 방법을 실천할 수 있습니다.

1학기 중간고사 시험이 끝난 후 과목별 정답표를 구해 각 과목의 선지별 정답 개수를 계산합니다. 선지별 정답 개수가 고르게 출제되는 과목과 그렇지 않은 과목을 분류해봅니다. 기말고사 시험에서도 그렇게 적용되었는지 확인해봅니다. 1학기 기말고사가 끝난 후 다시 과목별 정답표를 구해서 각 과목에서 선지별 정답 개수를 계산해봅니다. 그리고 1학기 중간고사와 1학기 기말고사에서 각 과목의 선지별 정답 개수의 경향을 비교해봅니다. 대체로 각 과목별로 일관된 경향을 확인할 수 있을 것입니다.

이제 두 번의 축적된 데이터를 갖게 되었습니다. 이 데이터를 기초로 해 2학기 중간고사 때는 더 잘 찍을 수 있습니다. 2학기 기말고사 때는 훨씬 더 잘 찍을 수 있습니다.

시험별 찍는 요령

수능형 모의고사

다음은 2022학년도 수능 영어 홀수형의 실제 정답표에 근거한 것입니다. 직접 이 시험을 치르고 있다고 가정해봅시다.

10개의 문제에 대한 정답을 알 수 없는 상황입니다. 10번, 22번, 25번, 26번, 27번, 28번, 35번, 38번, 39번, 42번을 제외하고 나머지 문제에 대한 정답은 확실합니다. 10개의 문제를 어떻게 찍으면 좋을까요? 이 시험을 치르면서 다음과 같은 판단이 들었다고 합시다.

문제번호	정답	배점	문제번호	정답	배점	문제번호	정답	배점	문제번호	정답	배점
1	⑤	2	13	③	3	25 ☆		2	37	⑤	3
2	②	2	14	⑤	2	26 ☆		2	38 ☆		2
3	①	2	15	⑤	3	27		2	39		3
4	④	2	16	③	2	28 ☆		2	40	①	2
5	②	2	17	⑤	2	29	④	3	41	②	2
6	④	3	18	②	2	30	③	2	42 ☆		2
7	①	2	19	⑤	2	31	①	2	43	③	2
8	④	2	20	③	2	32	⑤	2	44	③	2
9	③	2	21	②	3	33	①	3	45	②	2
10 ☆		2	22 ☆		2	34	②	3			
11	①	2	23	⑤	3	35 ☆		2			
12	②	2	24	①	2	36	②	2			

10번 문제: ③번과 ④번 중 정답이 있는 것으로 보인다.

22번 문제: ④번과 ⑤번은 아예 정답이 아니다.

25번 문제: ⑤번은 정답이 확실히 아니다.

26번 문제: ③번과 ⑤번 중 정답이 있는 것으로 보인다.

27번 문제: 아예 모르겠다.

28번 문제: ③번과 ④번과 ⑤번은 정답이 확실히 아니다.

35번 문제: 아예 모르겠다.

38번 문제: 시간이 부족해 문제를 넘겼고 아예 풀지 못했다.

39번 문제: 시간이 부족해 문제를 넘겼고 아예 풀지 못했다.

42번 문제: 시간이 부족해 문제를 넘겼고 아예 풀지 못했다.

우선, 선지별 정답 개수를 계산해보면 정답이 확실한 35개의 문제는 '①번: 7개, ②번: 9개, ③번: 7개, ④번: 4개, ⑤번: 8개'입니다. 찍기 단계에 따라 10번과 26번 문제부터 찍어야 합니다. 10번 문제는 ④번, 26번 문제는 ⑤번으로 찍으면 됩니다. 그다음으로는 22번, 25번, 28번 문제를 해결해야 합니다. 22번 문제는 ①번과 ③번 중에서 그나마 더 정답에 근접한 것을 찍어주면 됩니다. 저라면 ①번으로 찍겠습니다. 25번 문제는 ④번으로, 28번 문제는 ①번으로 찍으면 됩니다. 이제 나머지 27번, 35번, 38번, 39번, 42번 문제를 찍어야 합니다. 이 다섯 문제 모두 ④번으로 찍으면 됩니다.

찍은 것들을 정리하면 다음과 같습니다.

문제 번호	찍은 답	문제 번호	찍은 답	문제 번호	찍은 답	문제 번호	찍은 답
10	④	22	①	25	④	26	⑤
27	④	28	①	35	④	38	④
39	④	42	④					

이렇게 찍은 것들을 각 문제의 실제 정답과 비교해봅시다.

영어 영역 정답표
(홀수) 형

문항 번호	정답	배점	문항 번호	정답	배점	문항 번호	정답	배점	문항 번호	정답	배점
1	⑤	2	13	③	3	25	④	2	37	⑤	3
2	②	2	14	⑤	2	26	③	2	38	⑤	2
3	①	2	15	⑤	3	27	④	2	39	④	3
4	④	2	16	③	2	28	③	2	40	①	2
5	②	2	17	⑤	2	29	④	3	41	②	2
6	④	3	18	②	2	30	③	2	42	③	2
7	①	2	19	⑤	2	31	①	2	43	③	2
8	④	2	20	⑤	2	32	⑤	2	44	③	2
9	③	2	21	②	3	33	①	3	45	②	2
10	④	2	22	①	2	34	②	3			
11	①	2	23	⑤	2	35	④	2			
12	②	2	24	①	2	36	②	2			

문제 번호	찍은 것	실제 정답	결과	문제 번호	찍은 것	실제 정답	결과
10번	④	④	맞춤	28번	①	③	틀림
22번	①	①	맞춤	35번	④	④	맞춤
25번	④	④	맞춤	38번	④	⑤	틀림
26번	⑤	③	틀림	39번	④	④	맞춤
27번	④	④	맞춤	42번	④	③	틀림

10개의 문제 중 6개를 맞추었습니다. 찍기 성공 확률 60퍼

센트입니다. 이론적으로 5개 중 1개를 찍는 것은 성공 확률 20퍼센트인데 반해 과학적 찍기의 성공 확률은 이를 훨씬 웃돕니다.

이번에는 내신 시험에 적용해보겠습니다. 다음은 실제로 어떤 학교의 내신 시험 정답표입니다. 모르는 문제는 모든 과목마다 있을 겁니다.

과목 번호	국어	도덕	역사	수학	과학	기술 가정	영어	중국어	미술
1번	4	5	3	1	4	4	3	2	5
2번	4	2	5	4	1	4	5	5	4
3번		3	2	4	5		2	3	5
4번	4	4	2	5	3	3	5		2
5번	2	2	5	1	5	4	2	5	4
6번	2	3	2	5	5	3	3	4	3
7번	2	5	5		4	2	4	4	1
8번	1	1	3	3	2	4	4	3	2
9번		4		3	5	5	1	1	3
10번	3	2	1	5	1	1	5	4	4
11번	5	3	1	2	1	2	3	4	3
12번	5	3	5	3	2	2	5	3	3
13번		3	2		3	2	2	1	1
14번	3	4			2	5	1		

과목\번호	국어	도덕	역사	수학	과학	기술가정	영어	중국어	미술
15번		5			4	1		3	4
16번	3	2	1			3	4	5	3
17번	5						2	1	5
18번	1	3	4		2		1		
19번	1	4	3		4	4		1	1
20번		5	4		3				5
21번	4	1	4		1				
22번							3		
23번									

9개의 과목 중 국어, 역사, 수학, 과학, 영어 시험을 살펴보겠습니다.

국어
3번 문제: ③번과 ④번 중 정답이 있는 것으로 보인다.
9번 문제: ①번과 ②번 중 정답이 있는 것으로 보인다.
13번 문제: ①번과 ②번 중 정답이 있는 것으로 보인다.
15번 문제: ③번과 ④번 중 정답이 있는 것으로 보인다.
20번 문제: 아예 모르겠다.

역사
9번 문제: 아예 모르겠다.
14번 문제: 아예 모르겠다.
15번 문제: ①번과 ②번 중 정답이 있는 것으로 보인다.
17번 문제: ④번과 ⑤번 중 정답이 있는 것으로 보인다.

수학

7번 문제: ④번과 ⑤번은 정답이 확실히 아니다.

13번 문제: 아예 모르겠다.

14번 문제: 아예 모르겠다.

과학

16번 문제: ①번과 ⑤번 중 정답이 있는 것으로 보인다.

17번 문제: ①번과 ③번 중 정답이 있는 것으로 보인다.

22번 문제: ①번과 ④번 중 정답이 있는 것으로 보인다.

23번 문제: 아예 모르겠다.

영어

15번 문제: ④번과 ⑤번 중 정답이 있는 것으로 보인다.

19번 문제: ③번과 ⑤번 중 정답이 있는 것으로 보인다.

20번 문제: ①번과 ②번 중 정답이 있는 것으로 보인다.

21번 문제: ②번과 ③번 중 정답이 있는 것으로 보인다.

이제 본격적으로 찍기를 해보겠습니다. 정답이 애매한 문제는 제외하고 정답이 확실한 문제의 정답 개수를 계산합니다.

문항	정답 개수				
	국어	역사	수학	과학	영어
①	3	3	2	4	3
②	3	4	1	4	4
③	3	3	3	3	4
④	4	3	2	4	3
⑤	4	4	3	4	4

이를 근거로 정답이 애매한 문제를 다음과 같이 찍으면 됩니다.

국어		역사		수학		과학		영어	
문제번호	찍은답	문제번호	찍은답	문제번호	찍은답	문제번호	찍은답	문제번호	찍은답
3번	③	9번	③	7번	②	16번	①	15번	④
9번	①	14번	③	13번	②	17번	③	19번	③
13번	①	15번	①	14번	②	22번	①	20번	①
15번	③	17번	④			23번	③	21번	③
20번	①								

이렇게 찍은 것들을 각 문제의 실제 정답과 비교해봅시다.

국어				역사			
문제번호	찍은 답	실제정답	결과	문제번호	찍은 답	실제정답	결과
3번	③	③	맞춤	9번	③	⑤	틀림
9번	①	①	맞춤	14번	③	①	틀림
13번	①	②	틀림	15번	①	①	맞춤
15번	③	③	맞춤	17번	④	⑤	틀림
20번	①	④	틀림				

수학			
문제 번호	찍은 답	실제 정답	결과
7번	②	①	틀림
13번	②	②	맞춤
14번	②	②	맞춤

과학			
문제 번호	찍은 답	실제 정답	결과
16번	①	⑤	틀림
17번	③	③	맞춤
22번	①	④	틀림
23번	③	②	틀림

영어			
문제 번호	찍은 답	실제 정답	결과
15번	④	④	맞춤
19번	③	③	맞춤
20번	①	①	맞춤
21번	③	②	틀림

결과는 국어, 역사, 수학, 과학, 영어 시험에서 총 20개의 문제를 찍었고 그중에서 10개를 맞추었습니다. 찍기 성공 확률 50퍼센트입니다. 이론상의 찍기 확률인 20퍼센트보다 훨씬 더 높습니다.

이제 내신 시험이 모두 끝났습니다. 그러면 시험 후 전략으로 과목별 정답 개수를 분석하는 시간을 가져야 하겠지요? 전 과목의 선지별 정답 개수를 최종적으로 정리하면 다음과 같습니다. 이를 토대로 각 과목의 정답 분포의 경향성을 찾을 수 있습니다. 다음 시험을 치를 때 찍기 전략을 어떻게 구사하면 좋을지 파악할 수 있습니다.

정답 개수	국어	도덕	역사	수학	과학	기술 가정	영어	중국어	미술
①	4	4	5	3	4	3	4	4	3
②	4	4	4	3	5	4	5	3	4
③	5	6	3	3	4	4	5	5	5
④	5	4	3	2	5	5	4	4	4
⑤	4	5	6	3	5	3	4	4	4
경향성	매우 균일	균일	불균일	매우 균일	매우 균일	균일	매우 균일	균일	균일

이제 다음 시험을 치를 때는 과목별로 어떻게 찍어야 할까요? 역사는 정답 분포가 균일하지 않으니 찍기 전략을 소극적으로 사용해야 하고, 정답 분포가 매우 균일하게 나온 국어, 수학, 과학, 영어와 같은 과목은 찍기 전략을 적극적으로 사용하면 됩니다.

암기빵 레시피,
이해하고 구조화하고 암기하라

만화 〈도라에몽〉에는 '암기빵'이라는 도구가 등장합니다. 이 빵을 공책에 갖다댄 후 그 빵을 먹으면 공책에 있던 내용이 완벽하게 외워집니다. 이 암기빵에는 아이들의 바람과 소원이 담겨 있는 것 같습니다. 여러분도 이런 암기빵 하나 구워 먹고 싶지 않나요?

그런데 암기에 대한 놀라운 사실이 하나 있습니다. 그것은 바로 무턱대고 암기하려고 하면 오히려 암기가 되지 않는다는 사실입니다. 공부를 할 때 '이해-구조화-암기'의 과정이 중요합니다. 이 과정 속에서 진정한 암기빵이 제조되는 겁니다.

지금부터 암기빵 레시피를 공개하겠습니다. 밀가루 반죽을 하듯이 내용 이해를 하고, 오븐 속에서 반죽을 굽듯이 내용을 구조화하고 나면 암기빵이 완성됩니다. 그리고 이 빵을 먹기만 하면 암기가 저절로 될 것입니다. 날 것 그대로의 밀가루를 먹듯이 곧장 내용을 암기하려고 하지 마세요. 우선 내용을 이해하고, 그다음 구조화하고, 마지막으로 암기해야 합니다.

반죽하듯이 이해하라

일단 밀가루 반죽을 하듯이 학습 내용을 조물조물 이해해 보아야 합니다. 어떻게 내용을 이해할 수 있을까요? 먼저, 공부하면서 자신의 이해 여부를 확인하고, 이해를 돕는 일종의 패턴에 익숙해지세요. 그다음에 이해하기 어려운 것은 주변 사람의 도움을 받아보세요.

공부하면서 책 속의 문장을 읽을 때 '나는 이 문장의 의미와 시사점을 정말로 이해하고 있는가?'라고 질문해봅니다. 그리고 그에 대한 답을 찾아봅니다. 스스로 내용을 이해하고 있는지의 여부를 확인하는 것 자체가 내용을 이해하는 비결입니다.

다음의 교과서 내용 중 '니부어는 도덕적인 개인으로 구성된 집단일지라도 집단에 속한 개인은 이기적으로 행동하기 쉬우므로, 개인의 도덕성과 사회의 도덕성을 구분할 필요가 있다고 보았다.'라는 문장이 있습니다. 이 문장의 의미와 시사점을 정말로 이해하고 있을까요? 이렇게 하나하나 내용을 이해하고 있는지 점검하면서 시험 범위의 내용을 읽어봅니다.

처음부터 이 문장을 그대로 암기하려고 하지 마십시오. 만약 이 문장을 이해하지 못하고 있다는 것을 알게 되었다면 문장을 분석해보고 전후 문맥을 검토해 이 문장의 진정한 의미를 파악하려고 해야 합니다.

문장 뒤에 바로 '사회 집단이 개인보다 비도덕적인 이유 중 하나는 자연적 충동을 억제할 합리적인 능력을 갖추고 있지 않기 때문입니다. 집단 내 구성원 간의 문제는 도덕적이고 합리적인 조정과 설득을 통해 어느 정도 해결이 가능하다. 그

02 사회 정의와 윤리

성·취·기·준

- 사회 정의의 의미를 알고, 분배 정의와 관련된 윤리적 쟁점을 설명할 수 있다.
- 소수자 우대 정책과 이에 따른 역차별 문제를 분배 정의 이론을 통해 이해할 수 있다.
- 사형 제도의 윤리적 쟁점을 알고, 교정적 정의의 관점에서 이해할 수 있다.

1 분배적 정의의 의미와 윤리적 쟁점들

생각해 봄 개인 윤리적 관점과 사회 윤리적 관점의 차이는 무엇일까?

사회 윤리와 사회 정의

사회 윤리의 특징 개인 윤리적 관점은 개인의 양심과 합리성 등의 회복으로 사회 문제의 해결이 가능하다고 본다. 그러나 우리 사회에 나타나는 계층 간 갈등, 빈부 격차, 인종 차별, 부패와 같은 문제들은 개인의 도덕성을 강조하는 것만으로 해결하기 어려운 경우가 많다. 사회 윤리적 관점은 이러한 다양한 문제들을 사회 구조 혹은 제도의 개선을 중심으로 해결하고자 한다. *니부어는 도덕적인 개인으로 구성된 집단일지라도 집단에 속한 개인은 이기적으로 행동하기 쉬우므로, 개인의 도덕성과 사회의 도덕성을 구분할 필요가 있다고 보았다. 사회 집단이 개인보다 비도덕적인 이유 중 하나는 자연적 충동을 억제할 합리적인 능력을 갖추고 있지 않기 때문이다. 집단 내 구성원 간의 문제는 도덕적이고 합리적인 조정과 설득을 통해 어느 정도 해결이 가능하다. 그러나 집단 간의 문제는 윤리적이기보다 정치적이므로 쉽게 해결되지 않는다. 따라서 사회 윤리적 관점에서는 문제 해결을

*니부어(Niebuhr, R., 1892~1971) 미국의 사회 윤리학자로, 『도덕적 인간과 비도덕적 사회』를 저술하였다.

94 | III. 사회와 윤리

러나 집단 간의 문제는 윤리적이기보다는 정치적이므로 쉽게 해결되지 않는다.'라는 설명이 나옵니다. 자신의 이해 여부를 확인한 후 이해하지 못한 것을 이해하려고 하는 과정이 공부의 중요한 부분입니다.

이해의 패턴에 익숙해지기

글에는 패턴이 있습니다. 글 전개와 서술의 패턴에 익숙해진다면 글의 내용을 이해하기가 더 쉬워집니다. 다음과 같은 표현 방법에 익숙해지고 이를 체득하면 시험 내용을 더 잘 이해할 수 있습니다.

- **인과**: 원인과 결과를 밝힘
- **유추**: 유사한 점에 의거해 다른 대상을 추측함
- **대조**: 둘 이상의 대상 간의 차이점을 밝힘
- **비교**: 둘 이상의 대상 간의 공통점을 밝힘
- **예시**: 대상과 연관된 구체적인 사례를 제시함
- **분석**: 대상의 구성 요소나 부분으로 나눔
- **분류**: 대상을 일정한 기준에 따라 나눔
- **구분**: 대상을 일정한 기준에 따라 묶음

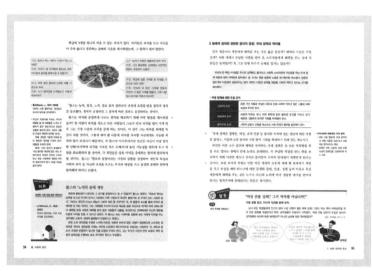

● 롤스의 정의를 다루는 교과서 내용

② 롤스의 '공정으로서의 정의'

- 공정한 분배가 이루어지려면 사회 제도가 공정한 조건에서 합의된 정의 원칙에 의해 규제되어야 함
- 자연적·사회적 우연성이 배제된 원초적 입장에 놓인 사람들은 자신이 가장 불리한 상황에 놓일 가능성을 염두에 두고 모든 사람에게 공정한 정의 원칙에 합의하게 됨
- 정의의 두 원칙: 모든 구성원이 원초적 입장에서 자기 이익의 안정적 확보를 위해서 합의할 두 가지 정의의 원칙

제1원칙	평등한 자유의 원칙	모든 사람은 평등한 기본적 자유를 최대한 누려야 함
제2원칙	차등의 원칙	사회적·경제적 불평등은 최소 수혜자에게 최대의 이익이 되도록 편성될 때 정당화됨
	공정한 기회균등의 원칙	사회적·경제적 불평등의 계기가 되는 직위와 직책은 모든 사람들에게 열려 있어야 함

● 롤스의 정의를 다루는 수능특강 참고서의 부분

• **정의**: 대상의 의미를 명확히 알 수 있도록 함

교과서의 내용을 체계적으로 정리하면 참고서가 됩니다. 교과서와 같은 줄글을 보면서 그 교과서 내용을 참고서의 내용처럼 변형 및 조직할 수 있어야 합니다. 그렇게 하기 위해서는 위와 같은 패턴을 잘 활용할 줄 알아야 한답니다.

교과서에 있는 롤스의 정의에 대한 사상을 읽어본 후 교과서와 참고서의 내용을 비교해봅니다. 교과서의 내용이 참고서에서는 일목요연하게 정리되어있습니다. 교과서의 줄글을 참고서의 정리 부분처럼 머릿속에서 변형 및 조직하는 것이 우리 머릿속에서 자동적으로 이루어지면 좋겠지요? 그렇게 하려면 정의, 비교, 구분, 분류 등 이해의 기법을 자유자재로 활용할 줄 알아야 합니다. 그렇게 해야 교과서 내용을 체계화하며 이해할 수 있습니다. 교과서를 읽으면서 이러한 이해의 패턴에 익숙해지면 내용을 체득하기 쉬워집니다.

주변 사람의 도움받기

그런데 아무리 이해하려고 해도 이해가 안 되는 부분이 생기기도 하지요? 이럴 때 그냥 이해하지 않고 무작정 외우는

것보다 주변 사람의 도움을 받아서라도 이해하고 넘어가야 합니다. 그렇게 교과서의 모든 내용을 이해하고 넘어가면 나중에 억지로 암기해야 하는 분량이 적어집니다. 이해가 안 되는 부분은 친구, 선생님, 책, 인터넷 등의 도움을 받을 수 있습니다. 이해하지 못하고 넘어가는 내용이 최대한 없게 하기 위해 적극적으로 질문해볼까요?

오븐에 굽듯이 구조화하라

빵을 만들 때 반죽을 빵틀에 넣어 굽듯이 이해한 내용을 구조화시켜야 합니다. 공부하는 내용 속에서 키워드를 선택하고, 이를 중심으로 내용을 확장하고, 표와 이미지를 통해 공부하는 내용을 깔끔하게 정리합니다. 그다음 내용의 구조를 골자로 정리합니다. 시험 직전에는 한 페이지에 내용을 총정리합니다.

　교과서의 줄글을 관통하는 핵심 키워드를 선택합니다. 그리고 그 키워드를 중심에 두고서 사상을 확장해봅니다. 다음의 교과서 내용에서 핵심 키워드를 찾은 후 그것을 기준으로 내용을 확장해볼까요? '마인드맵'이라고 부르는 정리 방법도 사실상 키워드 선택과 확장하는 것입니다.

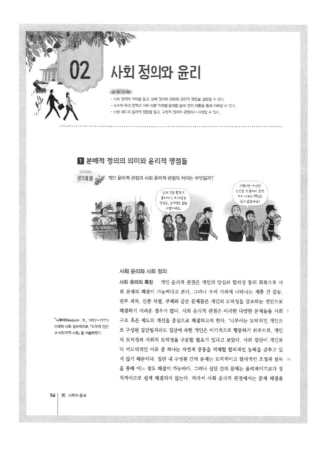

위해서 정치적인 강제력에 의한 방법도 병행되어야 한다고 본다.

현대 사회에서 발생하는 복잡한 윤리 문제의 해결을 위해서는 개인 윤리적 관점과 사회 윤리적 관점이 모두 필요하다. 개인은 양심과 도덕성 회복을 위해 노력해야 하며, 아울러 사회 구조와 제도의 비도덕성을 개선하여 정의로운 사회를 지향해야 한다.

사회 정의의 의미 동양에서 정의는 천리(天理)에 부합하는 '올바름' 혹은 올바른 도리로서 '의로움'으로 설명된다. 공자는 눈앞의 이익을 보기전 의리를 먼저 생각하는 견리사의(見利思義)의 자세를 강조하였으며, 맹자는 옳고 그름을 분별하는 판단 기준으로 의로움을 제시하였다. 이는 자신의 잘못된 행위를 부끄러워하고 타인의 악행을 미워하며, 더 나아가 부정적인 현실에 저항하는 마음이다.

한편 서양에서 정의는 '올바름' 혹은 '공정함'의 의미를 지니고 있다. 정의에 대하여 소크라테스는 질서가 잘 잡힌 영혼이 추구하는 본성으로 보았고 플라톤은 지혜, 용기, 절제가 완전한 조화를 이룰 때 나타나는 최고 덕목으로 이해하였다. 아리스토텔레스는 각자가 자기의 것을 취하며 법이 정하는 대로 따르는 것을 정의라고 보았는데 누군가가 남의 재물을 취하고 법에 따르지 않는 것은 부정의한 것으로 간주하였다. 이처럼 서양에서 정의는 대체로 사회적 재화의 분배와 관련되어 있다. 롤스(Rawls, J.)에 의하면 정의가 거론될 때 사회적 재화를 누구에게 어떻게 나눌 것인가가 구성원들의 관심이 될 수밖에 없다. 사회의 법과 제도가 아무리 효율적이라 하더라도 재화 분배의 형평성이 보장되지 않는다면 구성원들은 불만을 제기하게 되고, 그 사회는 부정의해질 수 있기 때문이다.

▲ 제2차 세계 대전 당시 독일의 나치스 친위대 장교였던 아이히만에 의해 체포되어 강제 수용소에서 처참하게 목숨을 잃은 600만 명의 유대인들. 그가 재판정에서 심문 받을 때 활용한 '인간의 명령을 한 약의체계'은 어떤 모습일까 궁금해진다.

아리스토텔레스의 정의

〈일반적 정의〉
· 법을 준수함으로써 정치 공동체의 행복을 창출하고 지키는 것이다. 또한 다른 사람과의 관계 속에서 완전한 의미 또는 탁월성을 구현하는 것이다.

〈특수적 정의〉
· **분배적 정의**: 사람들에게 배를 가져야 그만큼 보상을 받거나, 이익을 주었으므로 그만큼 되돌려 받는 것이다.
· **교환적 정의**: 권력, 지위, 명예, 재화 등을 각자의 가치에 비례하여 분배받는 것이다.

정의는 완전한 덕이며, 덕 가운데 가장 큰 덕이다.

정의로운 사람들은 좋은 일을 하도록 하고, 옳게 행동하게 하며, 좋은 것을 원하게 하는 성품이다. 정의롭지 못한 여러 모습을 살펴보면 정의의 의미를 쉽게 알 수 있다. 법을 지키지 않거나, 욕심이 많고, 불공정한 사람은 모두 정의롭지 못하다. 공통적으로 행복하게 만드는 조건들에 탐나게 하는 행위가 정의롭다. 정의는 우리 이웃과의 관계에서 완전한 덕이며, 모든 덕 가운데 가장 크다. 정의의 영역에는 모든 덕이 다 들어 있다. 정의의 덕이 완전한 까닭은 그 덕을 가진 사람이 자신뿐만 아니라 자기의 이웃을 위해서도 그것을 쓸 수 있기 때문이다.

- 아리스토텔레스, 「니코마코스 윤리학」 -

❀ 윗글에서 아리스토텔레스가 정의를 가장 큰 덕으로 여긴 이유를 찾아보자.

02. 사회 정의와 윤리 95

95페이지 - #키워드: 사회 정의

- 동양 정의

　　공자

　　맹자

- 서양 정의

　　소크라테스

　　플라톤

　　아리스토텔레스

　　롤스

　　키워드를 선택하고 이를 기준으로 내용을 확장해 구조화하는 것은 누구나 쉽게 할 수 있는 구조화 방식입니다. 이는 내용의 핵심이 무엇인지 파악할 수 있게 해주겠지요? 이러한 키워드 선택과 확장 과정을 교과서의 빈 부분에 적으면서 공부해보지 않겠어요?

표 및 이미지 정리

　　그런가 하면 표와 이미지를 통해 긴 글의 내용을 구조화할 수 있습니다. 앞에 나온 교과서에서 개인 윤리와 사회 윤리에 대해 다루는 내용을 어떻게 구조화할 수 있을까요? 다음과 같이 표로 간단히 정리할 수 있습니다.

긴 글을 표로 정리하면 비교나 대조로 되어있는 글의 내용을 쉽게 요약할 수 있겠죠? 비교나 대조로 서술된 내용은 시험에 출제될 가능성이 높습니다. 평소 공부할 때 표를 통해 구조화하는 것을 연습해보세요.

구분	개인 윤리	사회 윤리
주안점	개인의 양심, 윤리 의식 등 개인의 도덕성	사회 구조, 제도, 정책 등 사회의 도덕성
문제 원인	개인의 도덕적 의사 결정 능력, 실천 의지의 결여	개인보다는 사회 구조와 제도의 문제
문제 해결	개인의 도덕적 판단 능력이나 실천 의지, 도덕적 습관 함양	개인의 도덕성 함양과 더불어 사회 구조와 제도 개선

이번에는 긴 글을 이미지로 정리해보세요. 화살표, 연결선, 대괄호, 도형 등의 기호를 사용하는 겁니다. 공간을 자유롭게 배치해 글을 이미지로 바꾸어봅니다. 이미지 속에 개념을 넣으면 인과, 분류, 분석, 정의로 서술된 내용을 쉽게 요약할 수 있습니다. 그리고 핵심 키워드를 그림으로 나타낼 수 있습니다.

역사 과목을 공부하고 있다면 교과서 빈 부분에 시간의 흐

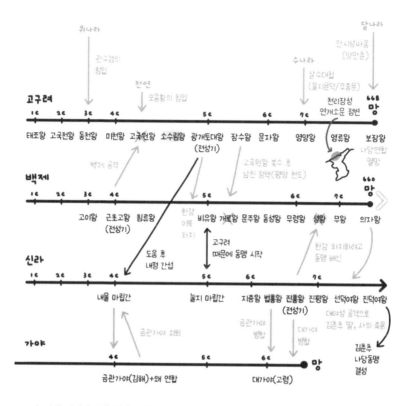

● 삼국 시대 흐름을 정리한 막대 도표 ≡

름을 알려주는 막대 도표로 정리할 수 있습니다. 지구과학 과
목을 공부하고 있다면 교과서 빈 부분에 도식화된 그림을 그
리며 핵심 개념을 정리할 수 있습니다.

　이때 유의할 점이 있는데 구조화를 한다는 건 소위 말하
는 '공책 정리'와는 다릅니다. 모든 개념을 쌀늠하고 체계적

으로 공책에 새롭게 정리하려고 하면 시간이 많이 소요되기 때문에 비효율적입니다. 공책 정리처럼 할 필요는 없습니다. 단지 간단히 구조화하면 됩니다.

구조 골자

구조화를 위해 내용의 골자를 파악해볼 수 있습니다. 골자란 글의 뼈대입니다. 여기에 살이 붙어 줄글이 완성됩니다. 교과서는 살이 통통하게 붙어있는 몸이라고 생각하면 됩니다.

이제 그 글의 살을 제거하고 뼈대만 남겨볼까요? 마치 생선살을 다 발라내고 생선 뼈만 고스란히 남겨놓는 과정과 같아요. 이것이 골자를 찾아내는 과정입니다. 줄글을 읽으면서 골자를 찾아 교과서의 빈칸에 정리해보세요.

한 페이지 총정리

시험 직전에 사용할 수 있는 구조화 방식입니다. 수십 페이지에 달하는 시험 범위를 딱 한 페이지에 총정리해보는 겁니다. 가능한 한 한 페이지를 넘기지 않도록 합니다. 한 페이지를 넘겨 정리하다 보면 자칫 시간 낭비를 할 수 있고 시험 직전에 비효율적인 공부를 초래할 수 있기 때문입니다. 이른바 '공책 정리'를 하게 될 가능성이 있습니다.

반면, 딱 한 페이지 내에서 구조를 정리하다 보면 시험 범위 내용을 집약적으로 파악할 수 있습니다. 시험 직전에는 한 페이지 총정리를 꼭 해보지 않겠어요?

암기빵을 먹어라

완성된 식빵을 맛있게 먹듯이 내용을 암기할 준비가 다 되었습니다. 반죽하듯이 이해한 후 오븐에 굽듯이 구조화했으니까요. 이제 따끈따끈하게 완성된 식빵을 꺼내서 먹어볼까요? 내용을 암기할 때는 대부분은 무의식적으로 암기하고, 일부분은 의식적으로 암기해야 합니다.

일반적인 중고등학교 학습 내용의 경우 전체 내용의 60~80퍼센트 정도는 무의식적으로 암기하면 된다는 개인적 생각을 갖고 있는데요. 절대 의도적으로 암기하지 마세요. 예습, 수업과 여러 번 반복되는 복습의 과정에서 저절로 암기가 되어버리거든요. 암기하려는 의도를 갖고 내용을 공부하면 그 공부는 비효율적이 되기 십상입니다. 내용을 이해하고 구조화하고 반복해 살펴보는 과정에서 자연스럽게 암기가 됩니다. 즉 이해-구조화-반복 학습을 통해 내용이 무의식적으로 암기됩니다.

암기하려면 암기를 하지 말아야 합니다. 그렇게 하면 약 60~80퍼센트 이상의 내용이 이미 머릿속에 입력되어있습니다. 의식적 암기를 위한 기술을 논하기 전에 가능한 한 무의식적으로 암기를 하려는 시도가 선행되어야 합니다.

무의식적 암기를 하고 남은 나머지 약 20퍼센트의 내용은 시험이 얼마 안 남았을 때부터 의식적으로 암기하려고 해야 합니다. 의식적 암기는 최후의 수단이지만 좋은 점수를 얻기 위한 필수 단계입니다. 다음은 제가 효과적으로 사용해온 의식적 암기 방법입니다.

◦ 멀티태스킹 읽기

멀티태스킹은 흔히 공부와 관련되면 부정적인 것으로 여겨지곤 합니다. 멀티태스킹이라고 하면 음악을 들으면서 공부하거나 TV를 보면서 하는 공부를 떠올립니다. 이런 멀티태스킹은 당연히 좋지 않습니다.

그러나 공부에 긍정적인 멀티태스킹도 있다는 것을 알고 있나요? 공부할 때 의식적 암기를 위해 여러 감각 기능을 한꺼번에 자극하는 겁니다. 눈의 시각 기능, 손의 촉각 기능, 귀의 청각 기능, 입의 말하는 기능을 모두 사용하며 암기하는 겁니다. 암기할 내용을 소리 내어 읽으면서, 그 소리를 귀로 들으면서, 손으로 형광펜을 그으면서, 형광펜이 그어지는 내용을 눈으로 보면서 공부하는 겁니다. 이것이 이른바 '멀티태스킹 읽기'입니다.

이렇게 공부하면 평범한 공부에 비해 훨씬 효과적으로 암기할 수 있습니다. 저는 고등학교 시절 늘 이 멀티태스킹 읽기를 통해 많은 것을 얻었습니다. 시험 직전에는 정독실에서 벗어나 혼자 쓸 수 있는 교실로 가서 공부했습니다. 조용히 공부하지 않고 약간 시끄러운 환경에서 공부하기 위해서 였습니다.

이러한 멀티태스킹이 암기에 미치는 긍정적 영향은 '조용한 공부방'과 '말하는 공부방'을 비 교한 실험에서 확인할 수 있습니다. 멀티태스킹 읽기를 한 번 해보겠어요?

∘ 글자 따기

암기해야 하는 정보에 포함된 일부 글자만 따는 겁니다. 시험이 얼마 안 남았을 때 효과적으로 사용할 수 있습니다.

예를 들어, 롤스의 정의에 대한 부분은 평소 이해-구조 화-반복 학습을 통해 내용을 이해했습니다. 그리고 시험이 얼마 안 남을 때에는 암기해야 합니다. 문제가 출제될 것으 로 예상되는 정의의 두 원칙에 대한 내용은 글자를 따서 외 우는 게 좋습니다.

② 롤스의 '공정으로서의 정의'
- 공정한 분배가 이루어지려면 사회 제도가 공정한 조건에서 합의된 정의 원칙에 의해 규제되어야 함
- 자연적·사회적 우연성이 배제된 원초적 입장에 놓인 사람들은 자신이 가장 불리한 상황에 놓일 가능성을 염두에 두고 모든 사람에게 공정한 정의 원칙에 합의하게 됨
- 정의의 두 원칙: 모든 구성원이 원초적 입장에서 자기 이익의 안정적 확보를 위해서 합의할 두 가지 정의의 원칙

제1원칙	평등한 자유의 원칙	모든 사람은 평등한 기본적 자유를 최대한 누려야 함
제2원칙	차등의 원칙	사회적·경제적 불평등은 최소 수혜자에게 최대의 이익이 되도록 편성될 때 정당화됨
	공정한 기회균등의 원칙	사회적·경제적 불평등의 계기가 되는 직위와 직책은 모든 사람들에게 열려 있어야 함

'제1원칙은 평등한 자유의 원칙이며, 제2원칙은 순서대로 차등의 원칙과 공정한 기회균등의 원칙이다.'

'평등한 자유의 원칙'의 '평', '차등의 원칙'의 '차', '공정한 기회균등의 원칙'의 '공'입니다. '평'은 제1원칙이며, '차'와 '공'은 순서대로 제2원칙의 두 가지를 구성합니다.

다른 과목에도 이 방법을 활용해보겠어요? 이때 꼭 앞글자를 따야 하는 건 아닙니다. 외워야 하는 정보 중 앞글자가 같을 경우 중간 글자를 따서 외워도 됩니다. 글자 따기 스킬을 계속 사용하다 보면 도가 트여서 여러 추가적인 노하우를 알게 됩니다.

기밀 5
과목별 공부 전략법

세상에는 제너럴리스트와 스페셜리스트가 있습니다. 제너럴리스트란 다양한 분야를 골고루 섭렵한 전문가이고 스페셜리스트란 하나의 분야에서 특출난 전문가를 가리킵니다. 공부에도 다양한 과목을 모두 잘하는 제너럴리스트와 한두 가지 과목을 특출나게 잘하는 스페셜리스트가 있습니다. 대학 입시에서는 제너럴리스트와 스페셜리스트 중에서 어떤 성향을 높이 평가할까요? 대부분 대학 입시는 다양한 과목을 다 잘하는 제너럴리스트를 찾습니다. 그러니 우리는 제너럴리스트가 되어야 합니다.

여러 개의 나무판자를 세로로 이어서 만든 물통이 있습니다. 대부분의 나무판자가 길쭉하지만 한쪽 나무판자가 유독 짧습니다. 이 나무 물통에는 물을 가득 담을 수 없습니다. 짧은 나무판자 쪽으로 물이 다 새기 때문이지요.

공부할 때도 마찬가지입니다. 대부분의 과목을 잘해도 하나의 과목에 학습 결함이 있다면 대학 입시에서 높은 평가를 받을 수 없습니다. 결함이 되는 과목으로 인해서 성적표에 누수가 발생합니다. 따라서 한 과목이라도 놓쳐서는 안 되겠지요?

여기서는 국어, 영어, 수학과 같은 주요 과목을 잘할 수 있는 장기적인 준비 비결과 전체 과목 공부에 전반적으로 통용되는 비결을 알아보겠습니다.

국어는 15퍼센트의 개념과 85퍼센트의 독해 능력을 평가하는 과목입니다. 중고등학교의 내신 시험은 15퍼센트의 개념에 초점을 두고서 출제된다고 할 수 있습니다. 반면, 대입 수능의 국어는 15퍼센트의 개념 이해를 기초로 해 85퍼센트의 독해 능력을 평가한다고 볼 수 있습니다.

장기적으로 보았을 때 국어 내신 시험을 대비하는 것보다 독해력을 발전시켜야 합니다. 즉 개념보다 독해에 초점을 두어야 합니다. 독해력은 국어 과목뿐만 아니라 모든 과목의 학업 성취도에 중요한 영향을 미친다는 사실을 알고 있었나요?

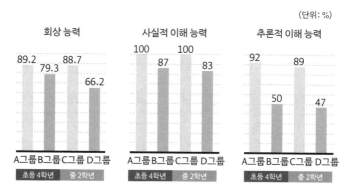

학업 성취도와 독해력과의 관계

(단위: %)

회상 능력 | 사실적 이해 능력 | 추론적 이해 능력

회상 능력: A그룹 89.2, B그룹 79.3, C그룹 88.7, D그룹 66.2

사실적 이해 능력: A그룹 100, B그룹 87, C그룹 100, D그룹 83

추론적 이해 능력: A그룹 92, B그룹 89, C그룹 50, D그룹 47

A그룹 B그룹 C그룹 D그룹
초등 4학년 / 중 2학년

※ A그룹: 학급(32명)에서 5등 이내의 집단   ※ B그룹: 학급(32명)에서 21~25등 이내 집단

위의 그래프는 학업 성취도와 독해력과의 관계에 대한 실험 결과입니다. A그룹(학업 성취도가 높은 그룹)과 B그룹(학업 성취도가 낮은 그룹)은 독해력에서 큰 차이를 보였습니다. 학업 성취도가 높은 아이들은 독해력이 우수했습니다. 이는 언어 독해력이 전반적 학업 성취도에 지배적인 영향을 미친다는 사실을 알려주죠.

이러한 점을 고려했을 때 국어 공부는 어떤 방식으로 이루어져야 할까요? 코앞의 국어 내신 시험을 잘 치기 위해 교과서 내용을 암기하는 방식으로는 진짜 국어 실력을 늘리지 못합니다. 장기적으로 국어 실력을 높이기 위해서는 독서 습관, 커뮤니케이션 능력, 독해력 훈련이 필요합니다.

독서 습관과 커뮤니케이션 능력

초등학생이나 중학생 때는 국어 내신 시험 공부보다 책을 많이 읽는 것이 도움이 더 됩니다. 시험 공부보다 중요한 건 독서하는 습관이기 때문입니다. 커뮤니케이션 능력, 즉 사람들과 의사소통을 원활히 하는 능력과 독해력은 관련이 별로 없는 것처럼 보이지만 밀접한 관련이 있습니다. 평소에 부모와 양질의 수준 높은 대화를 많이 한다면 아이의 언어 능력은 은연중에 자라있을 겁니다. 평소 대화가 곧 국어 공부인 셈입니다.

독해력 훈련

독서 습관을 기르고 커뮤니케이션 능력을 키우는 것보다 좀 더 직접적으로 국어 성적을 향상시키기 위해서는 시험 독해력을 훈련해야 합니다. 국어 비문학 지문을 모은 기출문제집을 사서 독해력 훈련을 하면 됩니다.

국어 영역 비문학 지문을 공부할 때는 숙지량 증가, 의도 파악, 속도 증가라는 목적을 달성하려고 해야 합니다.

긴 국어 지문을 다 읽고 나면 내용을 100퍼센트 다 기억하지 못합니다. 머릿속에 남아있는 정보는 얼마 안 됩니다. 그런데 국어 시험을 잘 치는 아이들은 글을 다 읽고 나면 상당히 많은 정보가 머릿속에 남아있습니다. 반면, 국어 시험을 못 치는 아이들은 글을 다 읽은 후에 머릿속에 남아있는 정보가 얼마 없습니다. 바로 이러한 차이를 '숙지량의 차이'라고 합니다. 숙지량은 독해력을 향상시키는 데 결정적인 요소입니다. 글을 읽고 나서 머릿속에 남는 정보의 양, 즉 숙지량을 늘리려는 훈련을 하면 국어 독해 실력도 증가합니다. 국어 지문을 읽으면서 의도적으로 자신의 숙지량을 늘려야 합니다. 이 숙지량을 증가시키면 나중에 장기적으로 수능 국어를 잘 칠 수 있답니다.

◦ 의도 파악

어떤 문장에는 겉으로 드러난 의미 말고도 그 속에 담긴 의미가 있는 법이지요? 문장에 담긴 이면적 의미를 추론할 수 있는 능력이 중요합니다. 따라서 의도 파악 능력을 발전시키려는 목적을 갖고서 지문을 읽어야 합니다. 글을 읽다가 의도를 파악하기 어려운 문장과 마주하면 그것을 그냥 지나치면 안 됩니다. 난해한 문장일수록 그 문장의 의도를 파악하려고 노력해야 합니다. 그렇게 노력하다 보면 추론 능력 향상에 큰 도움이 될 것입니다.

○ 속도 증가

숙지량을 높이고 의도를 정확히 파악하면서 글을 읽는 것에 더해 글 읽는 속도도 증가시켜야 합니다. 국어 시험은 제한 시간이 있습니다. 이러한 제한 시간은 글 읽는 속도를 평가합니다. 지문을 읽는 데 시간이 얼마나 걸렸는지 측정하고 기록해볼까요? 가능한 한 좀 더 빠르게 글을 읽으려고 연습해야 합니다.

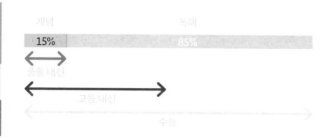

  영어는 15퍼센트의 개념과 85퍼센트의 독해로 이루어진 과목입니다. 중등 내신이든 고등 내신이든 내신 시험은 흔히 개념을 중심으로 영어 실력을 평가합니다. 하지만 수능에서는 개념의 바탕 위에 독해 실력을 평가합니다. 장기적으로 영어 공부는 개념보다 독해 자체에 초점을 두는 게 좋습니다. 초등학교나 중학교에서 내신 영어 시험을 잘 치려면 교과서 본문에 실린 문장을 암기하고 문법을 구체적으로 학습하면 됩니다.

  하지만 장기적으로 영어 실력을 발전시키기 위해서는 독

해에 대한 경험이 많아야 합니다. 적절한 난이도의 영어로 된 글을 많이 읽어야 합니다. 영어로 된 글을 읽으면서 글에 나오는 영어 문법과 어휘에 꼭 살펴보아야 합니다. 글을 읽다가 문법 개념이 스며있는 문장을 보면 그때 해당 문법을 공부하는 기회로 삼으면 됩니다. 어려운 단어가 등장하면 글을 읽으면서 그 단어의 뜻을 찾아본 후 그 글을 다시 해석해보세요.

물론 문법 교재도 따로 필요하고 영어 단어장도 따로 필요합니다. 하지만 무엇보다 중요한 것은 영어 독해 교재입니다. 글 속에 담긴 문법 개념과 어휘를 찾아내면서 독해, 어휘, 문법을 한꺼번에 공부해보면 좋지 않을까요?

영어 독해를 할 때는 지공과 속공을 모두 실시해야 합니다. 영어 글을 대할 때 시간을 들여 꼼꼼하고 천천히 읽는 지공 해석이 필요합니다. 영어 문장 하나하나, 단어 하나하나를 꼼꼼히 분석하면서 해석해볼까요? 특수한 문법이 등장하면 그것을 분석해봅니다. 이렇게 지공을 연습하는 것이 가장 중요합니다.

동시에 영어 글을 제한 시간 내에 빠르게 읽는 연습을 해야 합니다. 이를 위해 영어 모의고사 기출문제를 시간을 재면서 풀어봅니다. 이렇게 영어 글을 빨리 읽는 연습도 필요합니다. 두 가지 방법, 즉 지공과 속공으로 영어 독해를 정복해볼까요?

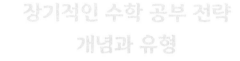

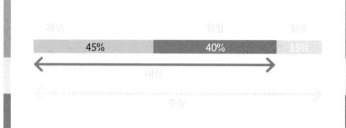

　수학은 45퍼센트의 개념과 40퍼센트의 유형 탐구 그리고 15퍼센트의 활용으로 이루어진 과목입니다. 이러한 수학의 구성 비율에 따르면 장기적으로 개념과 유형에 더 초점을 두고 공부하는 것이 좋다는 게 제 생각입니다. 개념 학습과 문제 유형 학습이 수학 내신 시험의 주요한 평가 요소가 되며 이는 수능에서도 마찬가지입니다.

　개념과 유형 학습에 집중해야 합니다. 그러므로 국어 및 영어 내신 시험 공부와 비교했을 때 수학 내신 시험 공부는 장기적으로도 더 가치가 있습니다.

왜 수학을 포기하는 이들, 즉 이른바 '수포자'가 유독 많이 생길까요? 처음 접하는 수학 개념이 어려워 포기해버리면 그 개념을 토대로 이해할 수 있는 다음 개념도 포기하게 되기 때문입니다. 따라서 수학을 공부할 때 특히 유념해야 하는 사항이 있습니다.

첫째, 학년을 거듭하며 수학 개념을 학습하는 과정에서 단 하나의 개념도 포기하지 말아야 합니다. 그 개념을 포기하면 다음 개념도 포기하게 되기가 십상입니다. 정말 어렵고 짜증이 나는 개념이라 하더라도 포기만 하지 않기를 진심으로 바랍니다.

둘째, 개념을 공부할 때는 단순히 개념 암기에 그치지 말고 그 개념의 '원리'와 '특성'을 충분히 이해하고 넘어가야 합니다. 지금 공부하는 수학 개념은 2년 후에도 쓰일 수 있습니다. 그러니 지금 개념을 학습할 때 임기응변으로 외우고 넘어가는 것이 아니라 충분히 이해하고 넘어가야 하겠지요?

마지막으로 고등학생이 된다면 해당 개념을 기반으로 한 기출문제 유형을 풀고 분석해야 합니다. 기출문제 유형을 공부하는 것은 수학 시험 점수에 결정적인 영향을 미칩니다.

그 외 과목 공통 공부 전략
단위 수에 비례해 공부하기

과목별로 상대적인 공부량 차이 두기

학기 중에는 어떤 과목을 더 공부해야 할까요? 단위 수에 비례해 과목별 공부량을 설정하면 됩니다. 수업 시간표에 국어 수업이 일주일에 다섯 번 들어있습니다. 그렇다면 국어의 단위 수는 '5'입니다. 여섯 번 들어있는 수학 수업의 단위 수는 '6'입니다. 단위 수는 해당 과목의 중요한 정도를 나타냅니다. 따라서 기본적으로 과목의 단위 수만큼 해당 과목을 공부하면 됩니다. 중학교에서는 이 단위 수가 최종 성적에 고려되지 않지만 고등학교에서는 이 단위 수가 대입 성적에 고려되어 내신 등급이 산출됩니다.

방학 중에는 국어, 영어, 수학 실력의 진정한 향상을 위해서 공부하면 됩니다. 방학 때는 시험을 잘 치기 위한 공부를 하는 게 아니라 진짜 실력을 향상시키는 공부를 해야 합니다. 수능 직전의 방학이 아닌 한 방학 중에 책을 많이 읽는 것도 좋습니다. 영어 단어도 많이 외우고, 수학 개념 선행을 하는 것도 좋습니다.

적극적으로 공부의 효율 추구하기

무작정 공부를 많이 하는 것만으로는 한계가 있습니다. 공부의 효율이 좋아야 합니다. 짧은 시간을 공부하면서도 그 시간에 최대한 시험 점수를 올릴 수 있는 학습 방법이 무엇일지를 고민해야 합니다. 특히 한문, 일본어, 기술 가정과 같이 주요 과목이 아닌 경우 더욱 적극적으로 공부의 양보다 공부의 효율을 높이면 어떨까요?

학교에는 다양한 아이들이 있습니다. 모든 과목을 다 잘하는 제너럴리스트 전교 1등도 있고, 수학 하나는 기가 막히게 잘하는 아이도 있고, 영어 하나는 기가 막히게 잘하는 아이도 있습니다. 그런가 하면 한문이나 일본어 같은 주요 과목이 아닌 시험에서 늘 100점을 맞는 아이들도 있지요. 각 과목의 스페셜리스트인 친구들에게 각 과목별 비결을 물어보는 건 어떨까요?

국어 시험을 잘 치는 아이는 그만의 비결이 있을 겁니다. 한문 시험을 늘 100점 맞는 아이도 마찬가지입니다. 예전부터 한문을 공부해서 그런 것일 수도 있지만 학교 한문 선생님의 시험 문제에 잘 대응하는 비결을 따로 알고 있을 수도 있습니다.

그러므로 각 과목의 스페셜리스트 친구들에게서 기꺼이 배우려고 해야 합니다. 그렇게 하면 시험 출제 경향에 대해 몰랐던 정보를 얻을 수 있습니다. 그 과목을 잘하는 비결을 전수받을 수 있습니다. 잘하는 친구들에게 조언을 구하면 공부의 비결을 알 수 있습니다. 각 과목별 스페셜리스트에게 다가가서 한 번 조언을 구해보겠어요?

Chapter 3

공부 실천력을
높이는
PDF 공부법

공부 실천력을 높이는 요소

음악에는 흔히 그 음악을 만든 사람의 영혼이 깃들어있다고 말합니다. 유튜브 영상 속의 음악을 우연히 듣게 되었습니다. 이 음악을 들어보면 공부가 싫다고 하는 작곡자의 몽롱한 절규가 아련히 느껴집니다. 이는 단지 이 노래를 만든 사람에 국한된 문제가 아닐 텐데요. 한국 사회에서 수많은 아이들이 공부하기 싫다고 외치고 있습니다.

절망스러운 공부가 아니라 행복하고 효율적인 공부를 하기 위해서는 부정적 공부 인식을 전환하고, 진정성 있고 확고한 목표를 설정할 필요가 있습니다. 그다음 공부 실천력을 높이기 위한 실제적 전략을 적용할 수 있습니다. 이러한 전략을 사용하는 것은 공부와 같이 힘든 활동을 하는 데 큰 도움이 됩니다.

공부를 실천한다는 것은 공부를 계획하고, 행동으로 실천하고, 행동에 대한 피드백을 한다는 것입니다. 계획, 실천, 피드백 모두가 공부에 필수적입니다. 이 세 가지 과정을 수행할 때 공부 실천력을 높일 수 있는 요소들을 복합적으로 활용할 수 있습니다.

한편, 사람이 특정 행동을 실천할 수 있게 유도하는 요소에 대한 선행 연구가 많습니다. 그러한 요소를 잘 활용하면 공부라는 행동을 실천할 수 있게끔 유도할 수 있습니다. 그와 같은 요소에는 의지, 습관, 동기, 긴급성, 효율, 보상, 처벌 등이 있습니다.

- 개인의 '의지'가 강하면 어려운 행동을 실천하기가 쉬워집니다. 하지만 개인의 의지는 단기적으로 좀처럼 발전시키기가 어렵습니다.
- 어떤 행동을 하는 '습관'이 형성되면 그 행동을 실천하기가 쉬워집니다.
- 어떤 행동을 하는 깃에 대한 '동기'가 강하면 그 행동을

실천하기가 쉬워집니다.

• 어떤 행동을 하는 것에 시간적인 '긴급성'이 있을수록 그 행동을 실천하기가 쉬워집니다.

• 어떤 행동을 '효율'적으로 할 수 있게 되면 그 행동의 난이도가 낮아져서 실천하기가 쉬워집니다.

• 어떤 행동을 성공적으로 수행했을 때 분명한 '보상'이 주어지면 다음에 그 행동을 실천하기가 쉬워집니다.

• 어떤 행동을 성공적으로 수행하지 못했을 때 분명한 '처벌'이 주어지면 다음에 그 행동을 실천하기가 쉬워집니다.

이와 같은 요소들을 공부 행동에 복합적으로 적용해보면 공부를 실천하기가 훨씬 더 쉬워집니다. 이런 요소를 어떻게 공부에 적용할 수 있을까요?

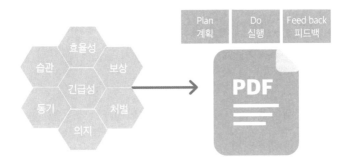

공부에는 '계획(Plan)', '실천(Do)', '피드백(Feedback)'이 모두 중요합니다. 공부는 계획하고, 행동으로 실천하고, 스스로 피드백해보아야 합니다. 이 과정을 가리켜 'PDF 과정'이라고 이름 지었습니다.

이 세 가지 단계, 즉 PDF 과정을 수행할 때 실천력을 높이는 요소인 '습관, 동기, 긴급성, 효율, 보상, 처벌'을 전략적으로 투입해볼까요? 개인의 의지라는 것은 단기적으로 급격히 발전시키기 어렵습니다. 그러나 그 외의 요소들을 활용해서 공부 실천력을 단기적으로 강화시키는 것은 가능합니다. 학습자의 의지를 향상시키는 것에 초점을 두면 안됩니다. 지금부터 그 외의 요소들을 향상시키는 것에 초점을 두어보면 어떨까요?

Plan(계획 단계)에서
실천력 높이기

배구 경기를 보면 경기를 한창 진행하다가 각 팀이 작전 타임을 갖는 경우가 있습니다. 활발히 진행 중인 경기의 흐름을 끊는 듯한데도 그렇게 합니다. 왜 그럴까요? 이 작전 타임 동안에 각 팀은 경기 진행에 필요한 전술적 치밀함을 가다듬습니다. 또한 이때 감독의 말은 선수들로 하여금 파이팅 넘치는 투지를 불러일으킵니다.

공부할 때 계획을 세운다는 것은 마치 스포츠 시합 중 작전 타임과 같습니다. 공부 계획을 통해 공부를 어떻게 해나가야 할지에 대한 치밀한 전략을 수립합니다. 또한 계획을 세우는 과정에서 공부를 향한 투지를 굳세게 할 수 있습니다. 계획 없이 공부하는 것은 작전 타임 없이 경기에 임하는 팀의 상황과 같다는 생각이 들지 않나요?

많은 아이들이 계획을 세우지 않고 공부한다고 합니다. 그러나 계획을 세우고 그 계획에 따라 공부하는 법을 익혀야만 합니다. 계획을 세우는 일은 공부 수행의 전략을 가다듬고 공부에 대한 투지를 불러일으키는 과정이기 때문입니다. 공부를 위한 계획으로는 주간 계획, 일일 계획, 시험 계획이 있습니다. 세 가지 계획이 모두 필요합니다. 각 계획들이 불러일으키는 효과가 조금씩 다르기 때문입니다.

습관 강화를 위한 주간 계획 작성하기

주간 계획은 어떤 식으로 공부할지에 대한 주간 패턴을 형성하는 것을 말합니다. 다음은 서진이가 세운 방학 계획표입니다. 이런 식으로 만든 주간 시간표가 주간 계획이라 할 수 있습니다. 어느 요일 어느 시간에 어떤 활동을 할지에 대한 전반적인 전략입니다.

요일\시간	일	월	화	수	목	금	토
8	아침	아침	아침	아침	아침	아침	아침
9	헬스 운동	방과후학교 수업	방과후학교 수업	방과후학교 수업	방과후학교 수업	방과후학교 수업	헬스 운동
10							
11	간식						간식
12							주간 실천 점검
13	점심	점심	점심	점심	점심	점심	점심
14		방과후 복습	방과후 복습	방과후 복습	방과후 복습	방과후 복습	
15	자율 독서						취미 생활
16		수학 개념 인강	국어 개념 인강	영어 모의 고사 기출 공부	국어 모의 고사 기출 공부	수학 모의 고사 기출 공부	
17		인강 복습/ 문제	인강 복습/ 문제	기출 오답 분석	기출 오답 분석	기출 오답 분석	
18	저녁	저녁	저녁	저녁	저녁	저녁	저녁
19							
20	샤이니 학습 코칭	가족과의 시간	영어 과외	영어 과외 숙제/복습	영어 과외	영어 과외 숙제/복습	친구 만나기
21	학습코칭 적용/과제						
22	하루 실전 점검	하루 실전 점검	하루 실전 점검	하루 실전 점검	하루 실전 점검	하루 실전 점검	하루 실전 점검

주간 계획을 세우는 것이 왜 공부 수행에 효과적일까요? 주간 계획을 세우고 이대로 실천하려고 노력을 기울이다 보면 무의식적으로 '습관'이 형성되고 강화됩니다. 이 습관은 건설적인 일을 수행할 확률을 높입니다.

저의 생활 패턴을 분석하면서 특별한 현상을 발견했습니다. 저는 지난주 금요일 오후 5시경에 깜빡 졸음에 빠졌습니다. 그래서 그때 하기로 예정된 업무를 수행하지 못했습니다. 그런데 놀랍게도 이런 일이 발생하면 이번 주 금요일 오후 5시경에도 깜빡 졸음에 빠지게 될 확률이 높아집니다. 또한 다음 주 금요일 오후 5시경에도 졸게 될 확률이 높아집니다.

이처럼 사람들은 의식하든지 의식하지 않든지 일종의 패턴을 형성한 채로 살아간다는 걸 느껴본 적 있나요? 특히 한 주를 단위로 해서 지난주의 특정 요일과 특정 시간에 한 행동을 이번 주의 동일한 요일과 동일한 시간에 반복하기 쉽습니다. 놀랍게도 무의식적으로 습관이 만들어지고 있는 것입니다.

이러한 인체의 신비를 긍정적인 방향으로 이용할 수 있다면 좋지 않을까요? 주간 계획을 세워 습관을 강화한다면 말입니다. 이러한 습관의 신비를 긍정적으로 활용해봅시다.

이번 주 수요일 오후 4시에 영어 모의고사 기출문제를 공부했다면 다음 주 수요일 오후 4시에도 영어 모의고사 기출

문제 공부를 계획하는 편이 전략적입니다. 우리가 모르는 사이에 일종의 주간 패턴을 반복하게 되는 경향이 있기 때문입니다. 같은 요일의 같은 시간에 매주 같은 행동을 하려다 보면 이 행동이 습관으로 강화되기 쉽습니다. 이러한 습관의 효과를 노리고서 주간 계획을 세워보겠어요?

주간 시간표를 짤 때 어플을 이용해봅시다. 컴퓨터와 휴대폰에서 '타임스프레드'라는 웹/어플을 사용할 수 있습니다. 이를 사용해서 주간 시간표를 작성해봅시다. 그렇게 하면 한 주 단위로 긍정적인 공부 습관을 형성하기에 유리합니다. 휴대폰에서 이 어플을 사용한다면 완성한 타임스프레드 주간 시간표를 위젯으로 설정해놓을 수 있습니다. 그렇게 하면 휴대폰의 배경화면에서 주간 시간표를 항상 볼 수 있습니다.

물론 주간 시간표를 실천하지 못할까봐 걱정이 될 수 있습니다. 그런데 주간 시간표를 만든다는 것 자체가 실천력을 강화하기 위한 장치입니다. 그리고 주간 계획을 설정하는 습관을 일일 계획을 작성하는 습관과 병행하면 시너지 효과가 발생해 두 가지 계획에 대한 실천력이 모두 올라갑니다. 여러분의 주간 시간표는 어떤가요? 주간 시간표를 통해 일주일의 시간에 가치를 더해봅시다.

일일 계획이란 어떤 식으로 하루 동안 공부할지 작전 타임을 갖는 것과 같습니다.

다음은 2월 12일의 할일을 적어놓은 서진이의 다이어리입니다. 이런 식으로 만든 하루 플랜이 일일 계획입니다. 하루 동안 전반적으로 어떻게 시간을 보낼지에 대한 구상인 셈입니다.

오늘 하루 계획은 어떻게 구성되어있는지 떠올려볼까요? 일일 계획을 세우는 활동을 통해서 하루를 보람차게 생활하고자 하는 다짐과 동기를 강화할 수 있습니다. 다

2 . 12 . 土
- 8시 : 아침
- 헬스 운동 (장세 가슴 운동)
- 간식 (닭가슴살)
- 주간 계획 실천 점검
- 1시 : 점심
- 2-3시 : 병원 진료
- 4-6시 : 영어 과외 숙제 완성
- 6시 : 저녁
- 규태 형과 약속 (시청 앞)
- 수학 3단원 오답 풀이 (수·목)
- 하루 계획 실천 점검

이어리나 플래너에 일일 계획을 작성하면서 '그래. 오늘 하루도 열심히 살아보자! 오늘 이런 일들을 해볼까?'라고 다짐하는 것은 어떨까요?

일일 계획을 세운 날과 그렇지 못한 날을 비교하면서 놀라운 사실을 발견했습니다. 바로 일일 계획을 세운 날은 그렇지 않은 날에 비해서 더 보람차고 만족스러운 하루를 보낼 확률이 훨씬 더 커진다는 점입니다. 일일 계획을 세우는 것 자체가 오늘 하루를 대하는 저의 동기와 다짐을 크게 강화시키는 효과가 있었던 겁니다.

일일 계획을 세우기 위해서는 다이어리 또는 플래너와 펜이 필요합니다. 하루를 시작하는 시점에 일일 계획을 작성하면 됩니다. 조금 늦은 시간에 계획을 작성해도 문제없습니다. 늦더라도 하면 됩니다.

그런데 주간 계획을 세웠는데 굳이 일일 계획을 다시 세워야 하는지 궁금할 수 있습니다. 주간 계획과 일일 계획 모두 세우면 더 좋습니다. 일일 계획을 세울 때는 주간 계획을 바탕으로 작성합니다. 일일 계획의 전반적인 틀은 주간 계획에서 가져옵니다. 그런데 인생사 한 치 앞을 예측하기 힘든 법이죠. 그날그날 예상치 못한 일이 발생합니다. 따라서 주간 계획의 전반적 틀을 바탕으로 하되 그날의 특수한 일정을 추가로 고려해서 일일 계획을 세웁니다.

서진이의 일일 계획표는 주간 계획의 토요일 일정을 바탕으로 하되 2월 12일의 특수한 일정을 추가로 고려해서 계획이 세워졌습니다.

일일 계획의 주요 효과는 그 자체의 과정에서 얻는 동기 강화입니다. 따라서 다이어리에 일일 계획을 작성할 때 형식적이고 멋없게 계획을 세우면 안되겠죠? 가능한 예쁘고 꼼꼼하게 계획을 짜도록 해볼까요? 다이어리에 일일 계획을 관리하는 과정 자체를 즐겁고 신나는 일로 만드는 것입니다. 이 작전 타임의 일과에서 하루의 즐거움을 더해볼까요?

긴급성 강화를 위한 시험 계획 작성하기

주간 계획과 일일 계획에 더해서 특수한 계획이 추가로 필요합니다. 대표적인 경우가 시험입니다. 시험과 같이 긴 기간 동안 대비해야 할 때는 시험 계획을 작성하면 좋습니다.

시험을 2주 정도 앞둔 시점에는 반드시 시험 계획을 따로 작성해야 합니다. 그러한 시험 계획을 바탕으로 매일 생활하다 보면 얼마 남지 않은 시험이 주는 긴급함에 대해 감정적으로가 아니라 객관적으로 인식할 수 있습니다. 어떤 일에 대해 느끼는 긴급함이 객관적일수록 그 일을 서둘러 하려는 힘을 얻을 수 있습니다. 시험 기간에는 주간 계획과 일일 계획에 더해 시험 계획을 특수하게 활용해볼까요?

시험 계획은 시험 날짜를 기준으로 매일의 날짜에 시험 D-day를 기록해놓는 것이 포함됩니다. 그리고 시험 기간 동안의 전반적인 계획을 수립하는 것 또한 포함됩니다.

돌이켜보면 저는 그동안 참으로 많은 시험을 치르면서 많은 시험 계획을 작성해왔던 것 같습니다. 중요한 시험을 앞두고 있을 때 시험 계획 없이 시험을 치는 것은 상상할 수 없습니다. 시험 계획을 잘 작성할 수 있는 구체적 방법은 '2부 시험 전후 전략 짜기'에 자세히 설명해놓았습니다.

DO(실행 단계)에서 실천력 높이기

작심삼일이란 마음먹은 지 삼일을 못 간다는 뜻입니다. 안타깝게도 많은 경우 공부 다짐은 작심삼일에 그칠 때가 많습니다. 그리고 3일을 못 넘긴 나약한 의지를 원망합니다. 사람의 의지력은 단기적으로 급격히 상승시키기가 어려울 수 있습니다. 그래서 계획한 대로 공부를 실천하지 못하면 의지가 약해서라고 생각하곤 합니다.

하지만 작심삼일 정도의 의지만 있다면 그것만으로도 공부를 실천하기에 꽤 충분하다는 것을 생각해본 적이 있나요? 저는 학습코치로서 3일을 지속할 수 있는 정도의 의지만 있다면 다른 처치들을 통해서 공부 실천력을 훨씬 높일 수 있다고 봅니다. 공부 실천 단계에서 여러 요소를 전략적으로 사용하면 공부를 지속해나갈 수 있습니다. 부족한 의지를 갖고서도 공부를 실천할 수 있게 돕는 실용적 전략에 대해 알아보겠습니다.

긴급성 강화를 위한 시간제한 공부법

공부하다가 집중이 힘들 때 사용한 방법입니다. 어떤 식으로든 하고 있는 공부에 시간제한을 설정하는 것입니다. 대표적으로 수능과 모의고사 문제를 시간을 재고서 수험을 치르듯이 푸는 방법이 있습니다. 이렇게 하면 실제 시험을 치고 있다는 느낌 때문에 집중이 잘됩니다. 그뿐만 아닙니다. 시간제한을 할 필요 없는 공부에도 스스로 시간을 제한할 수 있습니다.

예를 들어, 국어 교과서를 읽고 있을 때 좀 더 집중력을 높이고 싶다면 교과서 한 페이지를 읽는 데 7분 정도의 시간제한을 설정해보세요. 그 시간 안에 교과서 한 페이지를 다 읽어야 하는 것입니다. 수학 문제집을 풀 때도 이런 식으로 시간제한을 둘 수 있습니다. 수험생의 필수 아이템 중 하나는 타이머입니다. 타이머를 구매해서 필통이나 가방 안에 갖고 다니는 것이 좋습니다. 학습코치나 학부모라면 아이에게 타이머를 선물해주면 어떨까요?

또 한 가지 방법으로는 플래너에 일일 계획을 적어놓을 때 각 공부별 할애 시간을 미리 설정해놓는 것입니다. 이를테면 오후 3~5시 사이에 국어 교과서 3단원 정독을 마쳐야 하며, 오후 5시 이후부터는 수학 문제집 4단원을 풀어야 하는 것으로 계획을 해놓았다면 '국어 교과서 3단원 정독'이라는 과제

실천이 느슨해질 수가 없습니다. 오후 5시까지 이 계획을 마쳐야 하기 때문입니다. 이와 같이 공부 계획을 세우는 단계에서부터 시간제한을 설정할 수도 있습니다.

이와 같이 시간제한을 두고서 공부하는 방식이 효과적인 이유는 그 순간 공부를 실천해야 할 긴급성이 생기기 때문입니다. 당연히 모든 공부를 시간제한을 두고서 할 수는 없습니다. 그러나 많은 공부는 시간제한을 설정하고서 진행할

때 더 흥미진진해집니다. 이렇게 해서 공부에 긴급성을 더해 보겠어요?

동기 강화를 위한 음악 활용 공부법

시작이 반입니다. 공부를 시작하는 게 반이라 할 만큼 처음 책을 펴는 것이 가장 어렵습니다. 이럴 때 실천력을 높일 수 있는 실용적 방안이 있습니다. 바로 공부하면서 음악을 듣는 것입니다. 공부를 하고 싶지 않은 무기력의 크기가 9일 때 공부를 실천하려는 의지의 크기는 5일 수가 있습니다. 상황이 이렇게 되면 공부를 시작조차 할 수 없습니다. 무기력이 더 크기 때문이지요.

이때 음악을 틉니다. 공부할 때 신나는 음악을 듣는 즐거움의 크기가 5만큼 더해지면 어떻게 될까요? '공부를 실천하려는 의지' 5에서 공부하면서 '음악을 듣는 즐거움'이 5만큼 합쳐져 10이 됩니다. 공부를 하고 싶지 않은 무기력 9보다 더 커진 겁니다. 결국 공부하면서 듣는 음악으로 인해 공부를 시작할 수 있게 되겠지요.

하지만 음악을 들으면서 공부를 하는 데는 장단점이 존재합니다. 처음 공부 무기력을 깨야 하는 상황일 때는 음악을 활용하는 방법이 좋습니다. 또는 공부하다가 졸음이 밀려올 때 음악을 통해 졸음을 깨고서 공부할 수도 있습니다. 그렇지만 많은 연구 결과가 뒷받침하는 대로 그리고 경험해보니 음악을 들으면서 공부하면 온 정신을 공부에 집중할 수는 없습니다. 음악을 들으면서 공부를 하는 한 지적 능력의 8할은 공부를 하고, 2할은 음악을 듣고 있기 때문입니다. 그러므로 정교하거나 세심하게 공부해야 할 때는 음악을 듣지 말아야 합니다. 이러한 상황에서 어떻게 균형 잡힌 선택을 할 수 있을지 생각해볼까요?

Feedback(피드백 단계)에서 실천력 높이기

아주 어린 아기를 대상으로 한 가지 실험을 해보았습니다. 우선 아기의 발에 천장에 달린 모빌과 연결된 리본을 묶습니다. 아기가 발을 움직이면 정지해 있던 모빌이 따라서 움직입니다. 아기는 처음에 자신의 발과 모빌 사이의 연관성을 모르고 있다가 금세 발차기를 하면 모빌이 움직인다는 사실을 알아차립니다. 이 제 아기의 발에 리본을 푼 뒤에도 아기는 모빌을 움직이기 위해 발차기를 계속합니다. 아기는 시간이 흐른 뒤에도 이 사실을 기억하고서 계속 발차기를 하려는 경향을 보입니다.

이 실험 결과는 피드백의 효과를 보여줍니다. 아기는 발차기를 할 때마다 모빌이 움직인다는 것을 알게 됩니다. 모빌이 움직인다는 것은 아기에게 있어 일종의 긍정적인 보상 피드백입니다. 아기는 발차기를 통해 보상을 받게 되고 결국 계속해서 발차기를 합니다. 우리도 몸만 컸지 사실 머릿속은 아기에 지나지 않는 것 같습니다. 남녀노소를 불문하고 인간에게는 이러한 피드백이 중요합니다.

어떤 과업을 수행했을 때 그에 대한 보상을 받게 되면 다음에도 그 과업을 계속 수행할 힘을 얻겠지요? 그와는 반대로 처벌 피드백도 있습니다. 우리가 적절치 못한 행동을 했을 때 처벌받으면 다음에는 그 행동을 하지 않게 됩니다.

공부하면서 이와 같은 피드백의 효과를 잘 활용할 수 있을까요? 사실 공부할 때 피드백 과정을 거치는 것은 필수입니다. 공부를 잘 수행했을 때는 보상이 주어지고, 공부를 잘 수행하지 못했을 때는 처벌이 주어져야 합니다. 그러한 보상과 처벌을 주는 대상은 다른 사람이 아니라 자기 자신입니다. 그러므로 스스로가 자신에게 보상과 처벌을 주는 방법을 알아야 합니다. 그러면 공부를 계속할 수 있는 힘을 낼 수 있습니다.

아이들은 많은 시험을 치르면서 공부의 길을 걷고 있지만 그러한 시험에 힘을 뺏기곤 합니다. 그런데 시험이야말로 계속 공부를 해나가는 데 필요한 피드백을 제공해줍니다. 공부에 대한 보상과 처벌이 시험 결과를 통해 주어지는 거지요. 따라서 시험 결과를 통해 공부에 대한 피드백을 적극적으로 받아야 합니다. 향긋한 아메리카노를 음미하듯이 시험 결과를 천천히 음미해보겠어요?

시험 결과가 나오면 다음과 같은 내용을 스스로에게 묻고 답해봅시다.

- 전반적으로 봤을 때 나는 이번 시험을 잘 친 걸까? 잘 치지 못한 걸까?
- 어떤 과목을 잘 쳤고 어떤 과목을 못 쳤지?
- 각 과목에서 어떤 단원의 내용을 많이 맞추고 어떤 단원의 내용을 많이 틀렸지?
- 각 과목에서 어떤 유형의 문제를 많이 맞추고 어떤 유형의 문제를 많이 틀렸지?
- 내가 한 시험공부 방식 중 어떤 공부 방식이 효과적인 결과로 이어졌을까?

- 어떤 공부 방식이 비효율적이었을까?
- 이번 시험 결과를 고려할 때 다음 시험공부에서는 어떤 공부법을 택해야 할까? 또는 어떤 공부법을 택하지 않아야 할까?

보상 강화를 위한 실천 보상 표시하기

'미운 놈 떡 하나 더 준다'는 옛말이 있습니다. 미운 놈에게 떡 하나를 더 주면 그 미운 놈이 맛있는 떡을 받았으니까 그다음에는 미운 행동을 하지 않는다는 것입니다. 여기서 떡이란 보상 피드백입니다. 보상 피드백이 주어지면 사람은 그 분야에서 더 잘 행동할 수 있습니다.

공부할 때도 맛있는 떡과 같은 보상이 필요합니다. 스스로에게 그런 실천 보상을 해주면 좋겠지요?

공부를 계획대로 이행했다면 다이어리에 매일 보상 표시를 합시다. 실천을 완료한 계획에 네모(■)나 체크(∨) 표시를 할 수 있습니다. 그리고 일일 계획을 모두 수행한 경우 그날 전체에 대한 또 다른 별(★) 표시를 할 수 있습니다. 이러한 표시가 일종의 조그마한 보상인 셈입니다. 계획을 완료하면 다이어리의 오늘 날짜에 스티커를 붙여보면 어떨까요? 좀

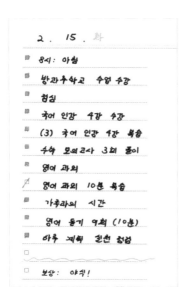

유치하기도 하고 사소한 일일 수도 있지만 그래도 스스로 매일 보상을 주려는 노력의 일환입니다.

이와 같은 방식이 아니더라도 자신만의 실천 보상 방법을 찾아봅시다. 계획을 실천한 날, 정말 열심히 공부한 날에는 야식처럼 자신을 위한 보상을 줄 수도 있습니다. 스스로에게 보상을 주는 방식에 익숙해져 보겠습니까?

처벌 강화를 위한 실패 이유 작성하기

채찍을 가해야 말은 더 잘 달립니다. 스스로에게 처벌이라는 채찍을 가하는 법을 알아야 합니다. 일일 계획을 제대로 실천하지 못했을 때 느끼는 자책감도 일종의 처벌이라 할 수 있습니다. 좀 더 객관적으로 처벌을 주는 방법도 있습니다.

어느 자기 계발 전문가는 계획을 실천하지 못했을 때 실천에 실패한 이유를 플래너에 간략히 쓴다고 합니다. 그것을 작성하는 과정에서 실천을 실패한 이유를 객관적으로 분석한다고 합니다. 이 실패 이유를 쓰는 과정 자체가 귀찮은 것이기에 이 행위가 곧 스스로에 대한 처벌 역할을 합니다. 계획에 실패하면 글을 써야 하는 처벌을 나 자신에게 주는 셈입니다. 다이어리를 펴서 실천하지 못한 계획 옆에 한두 문장 정도로 실패 이유를 작성해보면 어떨까요?

공부 방해 요소별
극복 방안

공부를
방해하는
요소들

"쌤. 공부는 도대체 왜 해야 해요? 공부 노잼… ㅠㅠ"

민서가 거의 울먹거리다시피 하며 저에게 묻습니다. 무슨 대답을 해주어야 좋을지 모르겠고 마음이 아프네요. 세상에는 공부보다 즉각적인 재미를 주는 것이 많습니다. 게임, 컴퓨터, 휴대폰, 만화 등등. 그래서 상대적으로 즉각적인 만족을 주지 못한다는 점에서 '노잼'처럼 보이는 공부를 한다는 게 괴로울 수 있습니다. 휴대폰 게임에 비하면 즉각적인 만족을 주지 못하는 공부이건만 왜 공부를 해야 할까요? 현실이 이러한데 어찌 공부가 행복한 일일까요?

제자백가 시대의 철학자 순자는 이 질문에 대한 답을 다음과 같이 내놓은 바 있습니다.

군자가 학문을 하는 목적은 영화를 누리며 살기 위해서가 아니라 어려운 처지에서도 곤혹스러워하지 않고 우환을 겪으면서도 의지가 꺾이지 않음으로써 화와 복의 시작과 끝을 알아 마음이 미혹되지 않기 위함이다.

– 순자

순자가 말한 학문을 하는 목적 세 가지를 찾아볼까요? '곤혹스러워하지 않고', '의지가 꺾이지 않고', 최종적으로 '마음이 미혹되지 않는' 사람이 되기 위함입니다. 즉 공부를 하는 목적은 삶에서 더 굳센 사람이 되기 위해서입니다.

인생을 살다 보면 '어려운 처지'와 '우환'을 만날 수 있습니다. 그럴 때도 진정한 공부를 한 사람은 그와 같은 방해에 좀처럼 흔들리지 않습니다. 공부를 하다 보면 공부를 힘들게 하는 많은 방해 요소와 마주하게 됩니다. 그런 방해 요소를 극복하며 공부하면 인생에서 그와 비슷한 방해 요소를 만나더라도 흔들리지 않는 사람이 될 수 있다는 의미가 아니겠습니까? 공부가 나를 이렇게 굳세게 만든다면 그 과정 또한 행복한 것이 아닐까요?

공부를 방해하는 요소를 극복하려고 애쓰다 보면 인생의 장애물에 미혹되지 않는 어른이 될 수 있습니다. 지금 공부를 방해하는 휴대폰의 유혹을 이겨내려고 애쓰다 보면 앞으로의 인생에서 각종 중독에서 자신을 보호할 수 있는 힘을 키울 수 있지 않을까요? 지금 공부를 방해하는 수면 욕구를 제어하려고 여러 시도를 해본다면 앞으로의 인생에서 각종 욕망을 슬기롭게 제어하는 지혜를 키울 수 있지 않을까요?

공부의 방해 요소가 많기 때문에 공부를 통해 거두는 혜택도 많습니다. 공부를 해야 하는 이유가 여기에 있습니다. 공부란 방해 요소를 극복하려는 행위입니다.

공부는 일반적인 경주가 아니라 장애물 경주와 같습니다. 공부를 방해하는 장애물이 많습니다. 공부를 잘하기 위한 관건은 이러한 장애물을 얼마나 유연하게 뛰어넘느냐에 있습니다. 공부를 방해하는 장애물에는 잠, 휴대폰, 멘탈 붕괴, 잡생각, 친구 문제가 있습니다. 공부하면서 이러한 장애물을 뛰어넘기 위해 많은 고민을 해보아야 합니다. 이런 점을 극복하려고 하다 보면 인생의 더 큰 어려움도 굳세게 뛰어넘어갈 수 있는 역량을 키우게 될 것입니다. 공부 방해 요소는 곤혹스러운 것이지만 그것을 뛰어넘으려고 도전하는 일은 흥미진진한 일입니다.

잠

공부하다가 잠이 오는 뇌과학적인 이유는 무엇일까요? 뇌는 공부하다가 그 공부를 통해서 그다지 얻을 게 없어 보인다는 판단이 들면 잠을 청합니다. 이 공부를 해도 성적이나 실력이 오르지 않을 것이라고 판단할 때 뇌는 잠을 자려고 하는 것입니다. 뇌가 참 간사하지요? 결국 공부하면서 잠이 온다는 것은 근본적으로 공부에 총체적인 문제에 있다는 것을 암시합니다. 비효율적인 공부를 하고 있거나 하고 있는 공부의 가치에 대한 확신이 없거나 자기 주도적인 형식으로 공부하고 있지 않거나 등등. 그래서 공부하다가 잠이 자꾸 온다면 근본적 측면에서 스스로의 공부 문제를 점검해보 아야겠지요?

잠에 대한 장기적 해결

 그 외에도 절대적인 수면량의 부족, 비타민 섭취 부족, 운 동 부족이 잠을 유발할 수 있습니다. 따라서 절대적인 수면 량을 늘리고, 비타민을 복용하고, 유산소 운동량을 늘립시다.
 고등학생 시절에 정말로 졸린 영어 수업이 있었는데요. 그 영어 선생님이 수업을 시작하면 반 아이들 대부분이 엎드려 퍼졌답니다. 저도 그 수업 시간에는 졸음을 참는 게 너무나 도 힘들었지요. 어떻게 하면 그 수업 시간에 잠을 안 잘 수 있을까 고민했습니다. 결국 밤에 30분 정도 더 일찍 자고, 매 일 비타민 한 알씩을 복용하고, 주말에 조깅을 하는 일정을 추가했습니다. 그렇게 하니 정말로 수업 시간에 잠이 덜 왔 고, 잠이 오더라도 잠을 자지 않고 버텨낼 수 있는 힘이 강해 짐을 느꼈습니다.

공부하다가 잠이 오는 순간에 택할 수 있는 즉각적 잠 퇴치법도 있습니다. 커피나 에너지 드링크와 같은 카페인을 섭취하는 것입니다. 이것은 일시적으로 가장 효과적인 잠 퇴치법입니다. 카페인의 효능은 지금 현재 요구되는 수면을 뒤로 미루는 효과가 있는데 결국 카페인 섭취는 그 순간에 잠을 쫓아내는 역할을 하는 것입니다. 따라서 장기간 계속해서 카페인을 섭취하면 그 각성 효과는 점점 떨어지게 됩니다. 사람에 따라 카페인의 각성 효과를 느낄 수 없는 경우도 있습니다. 혹시 커피 한 잔 해보겠어요?

그런가 하면 잠이 올 때 혼잣말을 하면서 공부를 하거나 일어서서 공부를 하는 방법도 있습니다. 수업 시간에 잠이 오면 책상에 엎드려 자지 말고 교실 뒤로 나가 일어서서 공부해봅시다.

이외에도 잠을 쫓아내기 위한 자신만의 방법을 생각해보세요. 그러한 창의적 구상과 문제 해결 과정을 찾아 나가는 것 또한 공부를 흥미진진한 일로 만들 수 있습니다.

휴대폰

마시멜로 실험과 휴대폰

1966년 첫 번째 마시멜로 실험이 진행되었습니다. 아이들의 눈앞에 마시멜로를 둡니다. 연구자는 아이들에게 지금 바로 마시멜로를 먹어도 되지만 연구자가 돌아올 때까지 먹지 않고 기다리면 더 많은 마시멜로를 주겠다고 제안합니다.

추적 조사를 해본 결과 연구자를 기다리지 못하고 30초 만에 마시멜로를 먹었던 아이들에 비해 연구자가 돌아올 때까지 기다린 아이들은 나중에 대학 입학시험 점수가 무려 210점이나 더 높았습니다. 이 연구가 시사하는 바는 마시멜로와 같은 장애물을 참을 줄 아는 아이들이 공부를 잘할 수 있다는 것입니다.

1989년 두 번째 마시멜로 실험을 진행했습니다. 이번에는 첫 번째 실험에 비해 마시멜로를 먹지 않고 끝까지 기다린 아이들의 수가 더 많아졌습니다. 무엇이 달라진 걸까요? 두 번째 실험에서는 그전의 실험과 달리 마시멜로를 보관하는 용기에 뚜껑을 덮어놓았다고 합니다. 그 결과 아이들은 뚜껑으로 덮인 용기에 보관된 마시멜로를 먹지 않고 더 잘 참을 수 있었던 것입니다.

이러한 연구 결과의 차이는 무엇을 시사할까요? 마시멜로처럼 자제해야 하는 대상이 눈에 보이지 않는 상태로 있으면 그것을 참기가 더 쉬워진다는 사실입니다. 공부하는 아이들에게 휴대폰은 달콤한 마시멜로와 같습니다. 공부할 때 휴대폰을 만지지 않고 자제해야 한다는 면에서요. 그렇게 자제를 하면 할수록 공부를 더 잘하게 될 것이라는 사실도 같습니다. 공부할 때 달콤한 휴대폰의 유혹을 이겨내는 것이 중요하겠죠?

휴대폰 페어플레이 기본 규칙

그러면 공부할 때 휴대폰을 사용하지 않는 비결은 무엇일까요? 뚜껑으로 덮인 용기에 보관된 마시멜로가 자제하기 쉬웠던 것과 같이 휴대폰을 눈에 보이지 않는 상태로 두는 것이 그 비결입니다. 책상 위에 휴대폰이 있는 한 필기구를 잡은 손은 자꾸만 휴대폰으로 향하게 될 것입니다. 공부할 때 휴대폰을 눈에 보이지 않는 곳에 둔다면 휴대폰의 유혹에 넘어가지 않을 겁니다.

공부하기 위해 휴대폰을 대하는 페어플레이 기본 규칙은 다음과 같습니다. 공부할 때는 '휴대폰 전원을 끄고', '서랍처럼 눈에 보이지 않는 곳에', '깊이 넣어'두는 것입니다.

경고 카드와 퇴장 카드

하지만 페어플레이 규칙을 준수하려고 해도 휴대폰이 계속 공부를 방해한다면 경고 카드와 퇴장 카드가 주어질 수밖에 없습니다. 휴대폰 사용에 대한 경고 카드로는 최신 휴대폰을 일반적인 폴더폰으로 바꾸는 것, 휴대폰을 집에 놓아두고 공부는 밖에서 하는 것, 휴대폰 데이터량을 제한하는 것, 부모님의 도움을 받아 휴대폰을 부모님이 관리하는 것, 휴대폰 화면을 흑백 모드로 바꾸는 것 등이 있습니다. 특히 휴대폰 화면을 흑백 모드로 바꾸어 버리면 휴대폰에 호감과 흥미가 사라집니다.

만약 이러한 경고 카드도 소용이 없다면 퇴장 명령을 내려야 합니다. 즉 공부하는 동안 휴대폰을 없애버리는 것입니다. 이처럼 학업 중 휴대폰 사용을 제한하기 위해 다양한 방법을 실천해봅시다.

멘탈 붕괴

감사 일기 작성 실험

공부를 하다 보면 여러 종류의 정신적인 어려움을 경험할 수 있습니다. 소위 '멘탈 붕괴(멘붕)'라고 하지요. 불안, 초조, 우울, 무기력, 패배감 등을 느끼는 것을 멘붕 상태에 빠졌다고 합니다. 힘들어하는 아이들을 볼 때면 제 마음도 힘들고 아픕니다. 그래서 멘붕을 극복할 수 있는 방법을 알려주고 싶었습니다.

캘리포니아대학교에서 '감사 일기 작성 실험'이라는 것을 진행했습니다. 실험을 위해 연구 대상자를 두 그룹으로 나누었습니다. 한 그룹에게는 일주일마다 지난주의 가장 감사했던 일 다섯 가지를 적어오라는 과제를, 다른 그룹에게는 일주일마다 지난주의 가장 짜증 났던 일 다섯 가지를 적어오라는 과제를 냈습니다.

10주가 지난 후 어떤 결과가 발생했을까요? 놀랍게도 감사 일기를 작성한 그룹은 다른 그룹에 비해 훨씬 더 인생에 대한 만족감을 보였고 미래를 낙관적으로 평가했습니다. 정신적으로, 즉 '멘탈'이 건강해졌습니다.

감사 일기 쓰기와 꿈 이룬 모습 상상하기

이 실험이 시사하는 바는 무엇일까요? 긍정적이고 낙관적인 일을 생각하고 그 생각을 글로 표현하는 과정은 붕괴된 멘탈을 재구축하는 데 좋다는 것입니다. 수험 생활을 해온 많은 사람이 이와 비슷한 방식을 제안합니다.

공부 계획을 쓰는 플래너나 다이어리에 간단한 감사 일기를 작성해보세요. 일기가 부담스럽다면 아주 짧게라도 매일 한두 문장으로 감사한 점을 실천 리스트 옆에 적어도 됩니다. 감사를 느낀 사건, 이에 따른 구체적 감정, 그런 감정을 느낀 이유를 글로 표현해봅시다. 이는 귀찮게 실천해야 할 또 다른 일이 아니라 소박하지만 즐거운 일과가 될 것입니다.

한편, 멘탈이 붕괴되었을 때 이른바 공신들이 흔히 사용하는 방법이 있습니다. 그들은 공부하다가 정신적으로 너무 힘들면 꿈을 이룬 자신의 모습을 머릿속으로 최대한 구체적으로 상상한다고 합니다. 자신의 꿈과 관련된 사진을 붙여놓고 그 사진을 보면서 자신의 미래를 상상해봐도 좋지 않을까요? 이렇듯 긍정적인 생각을 강화함으로써 이른바 멘붕을 극복할 수 있습니다.

붕괴된 멘탈과 마주하기

멘붕 상태와 정면으로 부딪쳐 승부할 수도 있습니다. 바로 지금 느끼는 부정적인 감정을 글로 써서 정리해보는 겁니다. 머릿속에서는 이해하기 힘들었던 자기 감정을 글로 쓰다 보면 정확히 알 수 있습니다. 스스로에게 다음과 같은 질문을 해보면서 붕괴된 멘탈 상태를 글로 표현해보면 어떨까요?

- 지금 느끼는 감정은 어떤 단어로 표현할 수 있을까?
- 어떤 상황에서 그런 감정을 느끼고 있는가?
- 어떤 상황에서 그런 감정으로부터 빠져나오기 힘들었나?
- 그 상황에서 나는 어떠한 생각과 행동을 했는가?

。그 상황에서 어떻게 판단하고 행동했다면 더 좋았을까?

정신적인 힘겨움에 대해서 부모님이나 친한 친구에게 이
야기해도 됩니다. 그 과정에서 위로와 해답을 찾거나 생각
을 정리할 수 있습니다. 이처럼 공부하면서 생기는 정신적
어려움을 다스리려고 노력하다 보면 인생을 살면서 생기는
감정적, 정신적 힘겨움을 잘 극복할 수 있는 지혜가 생길 것
입니다.

잡생각

가짜 재판 기록 읽기 실험

아이들은 종종 "공부할 때 자꾸 잡생각이 나서 힘들어요."라는 고민을 이야기합니다. 그들이 공부할 때 방해가 된다고 느끼는 요인은 서로 비슷비슷합니다. 그중 하나는 잡생각을 안 하려고 하는데도 잡생각이 머릿속을 떠나지 않는다는 것입니다.

브라운대학교에서 '가짜 재판 기록 읽기 실험'을 진행한 바 있습니다. 실험 대상자들에게 가짜로 작성된 재판 기록을 읽어줍니다. 그 기록을 들은 후 실험 대상자들은 각자 재판에 대한 판결을 내립니다. 읽어준 재판 기록 중에는 객관적이지 않고 감정적인 정보도 포함되어있었습니다. 절반의 실험 대상자들에게는 감정적인 정보는 무시하고 판결을 내려달라고 부탁했습니다. 나머지 절반의 실험 대상자들에게는 아무 부탁도 하지 않았습니다.

결과는 어땠을까요? 감정적인 정보를 무시하고 판결을 내려달라는 부탁을 받은 실험 대상자들이 더 감정적인 판결을 내리는 경향이 있었습니다. 무시하려고 한 감정적인 정보에 오히려 영향을 받은 것입니다. 반대로 아무 부탁을 받지 않은 실험 대상자들은 더 객관적인 판결을 내릴 수 있었습니다. 이 실험 결과가 시사하는 바는 무엇일까요? 뇌에 주입되는 특정 정보를 의도적으로 무시할수록 그 정보가 실제로는 사고에 더 영향을 끼친다는 것입니다.

잡생각을 해버리자

가짜 재판 기록 읽기 실험의 결과를 고려할 때 잡생각이 공부를 괴롭히는 상황에서는 어떻게 하는 것이 좋을까요? 잡생각을 안 하려고 하면 오히려 그 생각의 영향을 더 크게 받을 것입니다. 잡생각을 그냥 해버리세요. 잡생각이 건전한 것이라면 몇 분 동안 그 잡생각의 끝장을 보십시오. 그리고 나서 다시 공부하면 됩니다.

절대로 노란색 코끼리를 머릿속에 떠올리지 않으려고 해 보세요. 떠올리려 하지 않지만 오히려 노란색 코끼리가 머릿속에 선명하게 떠오릅니다. 하지 않으려고 하는 생각은 더 머릿속을 맴도는 경향이 있기에 그 생각의 매력이 없어질 때까지 잠시 그 생각에 몰두해볼까요? 그러고 나서 다시 공부에 집중하는 것입니다.

친구 관계

금속의 확산 현상

눈앞에 금 한 덩어리와 은 한 덩어리가 있다고 상상해봅시다. 이제 금 한 덩어리와 은 한 덩어리를 서로 붙여놓습니다. 시간이 지나면 어떻게 될까요? 놀랍게도 금 덩어리와 은 덩어리가 점점 서로 섞인답니다. 이러한 현상을 가리켜 '금속의 확산 현상'이라고 합니다. 금속이 서로 붙어있으면 영향을 주고받는 것이지요.

이처럼 사람들은 가까운 친구에게서 영향을 받기 나름입니다. 친구는 서로 영향을 주고받습니다. 그래서 어떤 친구를 사귀느냐가 중요합니다. 등산 하는 습관을 만들려면 산악

회에 들어가는 것이 유리합니다. 흡연 습관을 제어하려면 주변에 담배를 피우는 친구들이 없는 것이 유리합니다. 공부를 행복하게 하려면 어떻게 해야 할까요? 함께 즐겁게 공부하는 친구들이 있으면 유리합니다. 인간의 습관에 대해 연구한 사람들은 한 사람의 특정한 습관을 제어하려면 그 습관과 관련되어있는 교제 대상을 조정하라고 말합니다. 공부도 마찬가지입니다.

좋은 교제와 나쁜 교제

냉정하게 생각해봅시다. 친구가 당신의 좋은 습관을 유지하는 데 방해가 되나요? 이런 경우에는 어떻게 해야 할까요? 긴밀히 붙어있는 금 덩어리와 은 덩어리를 떼어놓을까요? 두 덩어리가 서로 붙어있지 않는다면 서로 영향을 주고받는 일도 없습니다. 마찬가지로 공부에 방해가 되는 친구 또는 급우들의 눈치로부터 스스로를 조금 떼어놓을 필요가 있지 않을까요?

학창 시절에는 인간관계에서 적당한 거리를 유지하는 법도 배울 필요가 있습니다. 나의 다짐과 목표와 습관에 방해가 되는 친구와 교제하고 있다면 적당히 떨어져야만 합니다. 누구와 친구가 될지를 잘 선택하고 결정해보겠어요?